국가공인 한자자격시험 관리기관 시행

교양한자급수시험 대비 수험서

JN394893

기출문제를 토대로 한

한자 자격시험 연습문제집 준3급

- 선정한자/교과서한자어 수록
- 기출문제를 토대로 한 연습문제 15회분 구성
- 실제 시험형태의 문제지와 답안지로 실전 대비

(사)한자교육진흥회
국가공인 한자자격시험
추천도서
관리 · 운영기관
한국한자실력평가원

형민사

기출문제를 토대로 한

한자자격시험 연습문제 준3급

인 쇄 | 2023. 02. 03
펴 낸 곳 | 주식회사 형민사
지 은 이 | 국제어문능력개발원
인터넷구매 | www.hanja114.co.kr
구 입 문 의 | TEL.02-736-7693~4, FAX.02-736-7692
주 소 | ㊍100-032 서울시 중구 저동2가 78번지 비즈센터 B1 101호
등 록 번 호 | 제2016-000003호
정 가 | 10,000
I S B N | 978-89-91325-37-1

• 이 책에 실린 모든 편집 내용에 대한 저작권은 '주식회사 형민사'에 있으므로 무단으로 복사, 복제할 수 없습니다.
• 파손된 책은 바꾸어 드립니다.

한자자격시험
연습문제집 준3급

일러두기

1.
이 책은
'사단법인 한자교육진흥회'가 주관하고
'한국한자실력평가원'이 시행하는
'한자자격시험 준3급'을 준비하는 응시자를 위해
만들어졌습니다.

2.
선정한자와 교과서한자어를 익힌 후
기출문제를 토대로 한 15회분의 연습문제를 풀면서
출제유형과 경향을 파악하도록 구성하였습니다.

3.
정답을 작성할 수 있는 연습용 답안지 5회분을 수록하여
실전에 대비한 모의시험이 가능하도록 하였습니다.

목차

한자자격시험
연습문제집 준3급

국가 공인 한자자격시험 안내

● 한자자격시험은

낱글자 암기 능력 위주의 평가를 지양하고
우리 국어 생활에 필요한 한자어들의 활용 능력을 평가하여
한자공부로 一石多鳥의 효과를 누릴 수 있도록 구성된
국가공인기관에서 시행하는 시험입니다.

총 5,000자의 선정한자를 등급별로 선정	▶	체계있는 단계별 한자학습
초·중·고등학교 교과서 한자어 평가	▶	전 교과목 학습능력 향상
총 1,000여 단어의 직업별 전문용어 평가	▶	업무능력의 향상

● **시험일정: 연간 4회(세부일정은 홈페이지 참조, www.hanja114.org, 전화 02-3406-9111**

● **시험 요강**

급수		공인급수				교양급수							
		사범	1급	2급	3급	준3급	4급	준4급	5급	준5급	6급	7급	8급
평가 한자수	계	5,000자	3,500자	2,300자	1,800자	1,350자	900자	700자	450자	250자	170자	120자	50자
	선정한자	5,000자	3,500자	2,300자	1,300자	1,000자	700자	500자	300자	150자	70자	50자	30자
	교과서. 작업군별 실용한자어	단문. 한시 등	500단어	500단어	500자 (436단어)	350자 (305단어)	200자 (156단어)	200자 (139단어)	150자 (117단어)	100자 (62단어)	100자 (62단어)	70자 (43단어)	20자 (13단어)
문항수		200	150	100	100	100	100	100	100	100	80	50	50
합격기준		80점	70점	70점	70점	70점	70점	70점	70점	70점	70점	70점	70점
시험시간(분)		120	80	60	60	60	60	60	60	60	60	60	60

※교과서 한자어는 3급 이하 급수에서 출제되며, 쓰기문제는 출제되지 않습니다. ※직업군별 실용한자어는 1급과 2급에서 출제됩니다.

● **접수방법**

인터넷 접수

준비하기: 반명함판 증명사진 파일 (JPG, GIF 등) 응시료, 수험생 인적사항 ▶ 홈페이지 접속 www.hanja114.org (go 인터넷 원서접수) ▶ 고사장 선택 ▶ 수험표 출력

방문 접수

준비하기: 반명함판 증명사진 2장 응시료 수험생 인적사항 ▶ 전국 지정원서 접수처 방문 ▶ 고사장 안내 ▶ 수험표 수령

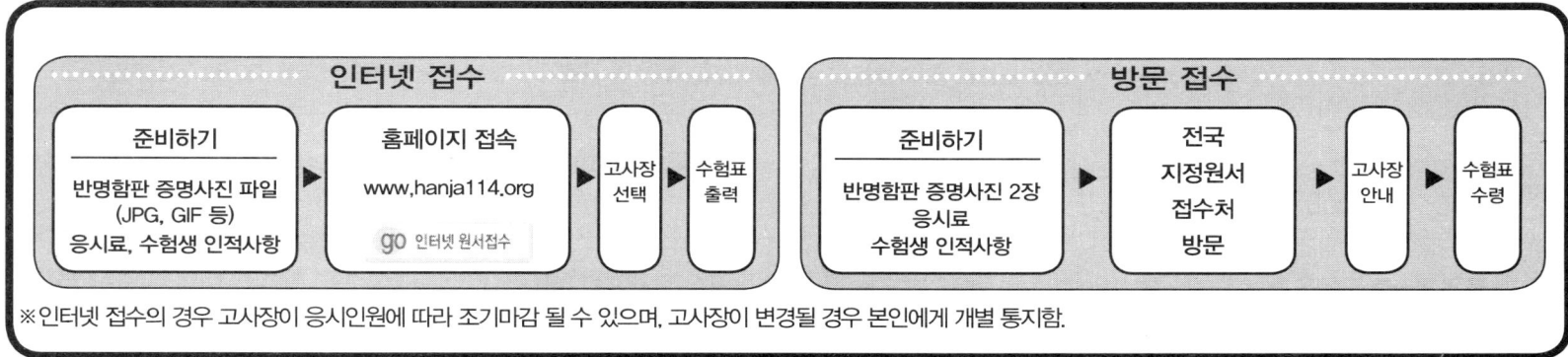

※인터넷 접수의 경우 고사장이 응시인원에 따라 조기마감 될 수 있으며, 고사장이 변경될 경우 본인에게 개별 통지함.

● **시험당일 준비 사항**

▶ 수험표와 신분증 소지
▶ 필기구: 6급 이상 – 컴퓨터용 싸인펜, 검정볼펜, 수정테이프
7급~8급 – 연필, 지우개
▶ 고사장 위치 사전 확인
▶ 시험시간 20분 전 입실 완료

추천교재 구입처

도서출판 **형 민 사**
전화: 02)736-7694
홈페이지: www.hanja114.com

공제로 20년 희망으로 200년!

사단법인 한자교육진흥회는?

- 한자교육 단체 중 국내 최초로 법인 인가(1990년 11월)/국가공인 · 자격관리 운영기관 지정(2004년 1월)
- 국내 유일의 공교육체계에 맞는 급수 편성
- 3급부터 사범급까지 전체 급수 공인취득 ➲ **국가공인 민간자격증은 자격기본법 제 23조 3항에 따라 국가자격을 취득한 자와 동등한 대우를 받음**
- 전역예정장교 직업훈련교육기관으로 지정된 단체
- 생활보호대상자(학교별 단체 특별시험에 한함–교장의 추천), 교도소재소자, 발달장애아 등에게 무료 응시케 하는 사회봉사 단체
- **해외 한인학교 한자교육 및 자격시험 지원 기관(인도네시아, 독일 등)**
- 공공기관이 주관 · 실시하는 한자경시대회 출제 및 채점 지원(양천구청장배 등)

※ **간송학술장학재단의 장학규정에 의거 초 · 중 · 고교생 중 사범 합격자에게는 장학증서 및 장학금 지급**

한자자격시험은 이렇게 출제하여 평가한다.

- 교육부선정 한문교육용 기초한자 1,800자와 대법원인명용한자, 전산용한자, 고문연구용한자 등 총 5,000자를 급수별로 선정하고, 초 · 중 · 고교의 교과서 한자어와 직업군별 실용한자어 등을 종합평가한다.
- **객관식 약 30%, 주관식 약 70%로 출제**하고 한자의 훈음, 독음, 상대어(반의어), 유의어, 부수, 고문의 이해 범위에서의 쓰기, 읽기, 해석하기, 문장구성 등 종합적 활용능력을 평가한다.
- 3급 이하에서 출제되는 교과서 한자어는 사용 빈도수가 높은 단어를 선정 평가함으로써 **어휘력, 논술력 향상과 교과서 한자어의 인지도를 높여 종합적 학습능력을 신장**시킨다.
- 2급, 1급에서는 직업군별 실용한자어를 평가함으로써 **직무능력의 향상**을 꾀한다.

자격증을 취득하면 어디에 활용하는가?

초 · 중 · 고교생

- 초 · 중 · 고교 학교 생활기록부 '자격증 및 인증 취득상황'란에 등재 (교육과학기술부 훈령 제719호 학교 생활기록 작성 및 관리지침 제10조)되며 진학 및 개인별 능력평가 시 반영
  ➲ '자격증 및 인증 취득상황'란 기재 예시

자격종목	급수	자격증번호	취득년월일	자격증발행기관
한자실력급수	3급	000-30-00000	2008.00.00.	(사)한자교육진흥회

- 국내 유수대학의 **입시에 우대** (각 대학의 입시요강 참고)
- 이화여자외국어고등학교, 김포외국어고등학교는 한자자격시험에 전원 응시케 해 자격증을 취득하고 있음

대학생 · 일반 · 직장인

- 한국방송통신대학교 중어중문학과에서 1급 이상의 자격을 취득한 자는 졸업논문 대체 인정
- 한국교육개발원의 학점인정기준에 따라 전국학점은행제 기관에 신청하면 **사범 5학점, 1급 3학점 인정**
- 전국경제인연합회 전임 강신호 회장이 타 단체와 크게 차별화 된 것을 높이 평가 전경련 회원사 (기업체)에 추천
  ➲ 국정원, 삼성그룹, 한국무역협회, 동아제약, 우리은행 등 **수많은 기업신입사원 채용 시 가산점 부여, 면접활용**
  ➲ 녹십자와 현대건설 등 다수의 기업에서는 협약을 맺어 전 사원에게 한자자격시험에 응시 인사고과에 반영
- 육군간부 및 군무원의 인사고과 반영
- 경기도 파주시청을 비롯한 국가기관에서 **공무원 직무능력 향상의 수단으로 한자 자격취득 권장**

한자자격시험 응시를 위한 준비는 어떻게 하나?

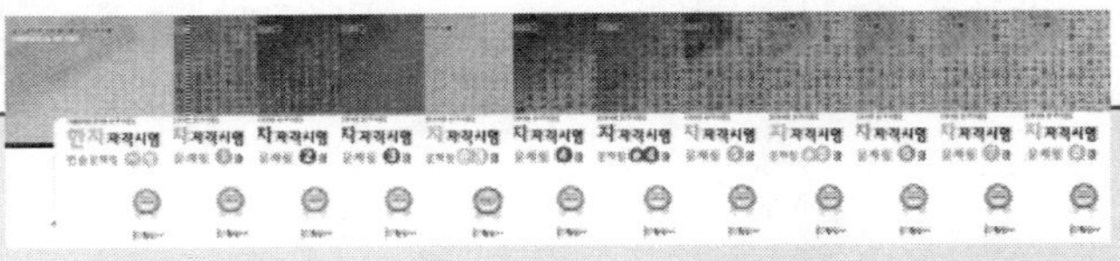

국가공인 한자자격 취득의 길잡이
도서출판 형민사
대표전화: 02)736-7694
홈페이지: www.hanja114.com

- **교재 활용하기**
  ➲ **추천도서**: 도서출판 **형민사** 발행 수험서
  – 한자자격시험(사범~8급, 총 12종)
  – 한자자격시험 연습문제집 (사범~8급, 총 12종)
  – 한자공부(1단계~5단계: 8급~5급 내용수록)
  – 쉽고 재미있게 익히는 한자공부 (초등학교용, 1단계~3단계): 서울시 교육감인정도서
- **인터넷 활용하기**
  ➲ 한자교육진흥회 홈페이지의 **기출문제** 이용하기: **www.hanja114.org** ➡ 상단 메뉴바 **기출문제** 참고

준3급 선정한자

가

脚	다리	각	
渴	목마를	갈	
敢	감히	감	
監	볼	감	(监)
鋼	강철	강	(钢)
降	내릴	강	
康	편안할	강	
皆	다	개	
居	살	거	
健	건강할	건	
件	사건	건	
檢	검사할	검	(检)
儉	검소할	검	(俭)
格	격식	격	
堅	굳을	견	(坚)
潔	깨끗할	결	(洁)
鏡	거울	경	(镜)
警	경계할	경	
驚	놀랄	경	(惊)
境	지경	경	
戒	경계할	계	
鷄	닭	계	(鸡)
階	섬돌	계	(阶)
繼	이을	계	(继)
庫	곳집	고	(库)
孤	외로울	고	
穀	곡식	곡	(谷)
困	곤할	곤	
坤	땅	곤	
具	갖출	구	
球	공	구	
區	나눌	구	(区)
局	판	국	
群	무리	군	
窮	다할	궁	(穷)
宮	집	궁	(宫)
勸	권할	권	(劝)
卷	책	권	
歸	돌아갈	귀	(归)
規	법	규	(规)
勤	부지런할	근	
級	등급	급	(级)
器	그릇	기	
旗	기	기	
幾	몇	기	(几)
旣	이미	기	(既)

나

暖	따뜻할	난	
難	어려울	난	(难)
納	들일	납	(纳)
努	힘쓸	노	

다

斷	끊을	단	(断)
但	다만	단	
團	둥글	단	(团)
壇	제단	단	(坛)
段	층계	단	
隊	무리	대	(队)
導	인도할	도	(导)
豆	콩	두	

라

羅	벌일	라	(罗)
卵	알	란	
覽	볼	람	(览)
浪	물결	랑	
郞	사내	랑	
略	간략할	략	
涼	서늘할	량	
露	이슬	로	
錄	기록할	록	(录)
留	머무를	류	
類	무리	류	(类)
柳	버들	류	

마

莫	없을	막	
晩	늦을	만	
忙	바쁠	망	
麥	보리	맥	(麦)
免	면할	면	
眠	잠잘	면	
勉	힘쓸	면	
鳴	울	명	(鸣)
暮	저물	모	
牧	칠	목	
墓	무덤	묘	
茂	무성할	무	
戊	천간	무	
舞	춤출	무	
墨	먹	묵	
勿	말	물	

바

班	나눌	반	
倍	갑절	배	
背	등	배	
杯	잔	배	
配	짝	배	
罰	벌할	벌	(罚)
凡	무릇	범	
犯	범할	범	
寶	보배	보	(宝)
伏	엎드릴	복	
逢	만날	봉	
扶	도울	부	
浮	뜰	부	
副	버금	부	
朋	벗	붕	
飛	날	비	(飞)
祕	숨길	비	(秘)
費	쓸	비	(费)

사

社	모일	사	
寫	베낄	사	(写)
射	쏠	사	
査	조사할	사	(查)
殺	죽일	살	(杀)
狀	모양	상	(状)
傷	상할	상	(伤)
霜	서리	상	
尙	오히려	상	
喪	초상	상	(丧)
象	코끼리	상	
床	평상	상	
暑	더울	서	(暑)
惜	아낄	석	
昔	예	석	
設	베풀	설	(设)
掃	쓸	소	(扫)
素	흴	소	
束	묶을	속	
損	덜	손	(损)
愁	근심	수	
誰	누구	수	(谁)
須	모름지기	수	(须)
壽	목숨	수	(寿)
雖	비록	수	(虽)
秀	빼어날	수	
淑	맑을	숙	
叔	아재비	숙	
術	재주	술	(术)
崇	높일	숭	
乘	탈	승	
施	베풀	시	
息	숨쉴	식	
深	깊을	심	
甚	심할	심	

아

我 나 아
顔 얼굴 안 (颜)
巖 바위 암 (岩)
央 가운데 앙
仰 우러를 앙
哀 슬플 애
也 어조사 야
揚 날릴/떨칠 양 (扬)
讓 사양할 양 (让)
於 어조사 어
憶 생각할 억 (忆)
嚴 엄할 엄 (严)
余 나 여
汝 너 여
亦 또 역
域 지경 역
煙 연기 연 (烟)
悅 기쁠 열
炎 불꽃 염
營 경영할 영 (营)
迎 맞이할 영
烏 까마귀 오 (乌)
悟 깨달을 오
吾 나 오
瓦 기와 와
臥 누울 와 (卧)
曰 가로 왈
謠 노래 요 (谣)
欲 하고자할 욕
憂 근심 우 (忧)
尤 더욱 우
又 또 우
于 어조사 우
宇 집 우
云 이를 운
源 근원 원
圓 둥글 원 (圆)
怨 원망할 원
員 인원 원 (员)
院 집 원
威 위엄 위
猶 같을 유 (犹)
遊 놀 유
柔 부드러울 유
儒 선비 유
幼 어릴 유
唯 오직 유
乳 젖 유
吟 읊을 음
泣 울 읍
矣 어조사 의
議 의논할 의 (议)
而 말이을 이
易 쉬울 이
已 이미 이
仁 어질 인
忍 참을 인
任 맡길 임

자

慈 사랑 자
壯 씩씩할 장 (壮)
腸 창자 장 (肠)
栽 심을 재
哉 어조사 재
災 재앙 재 (灾)
著 나타날 저
積 쌓을 적 (积)
轉 구를 전 (转)
錢 돈 전 (钱)
專 오로지 전 (专)
切 끊을/간절할 절
絕 끊을 절 (绝)
點 점 점 (点)
靜 고요할 정 (静)
貞 곧을 정 (贞)
淨 깨끗할 정 (净)
丁 장정 정
頂 정수리 정 (顶)
制 마를 제
諸 모든 제 (诸)
際 사이 제 (际)
帝 임금 제
操 잡을 조
宗 마루 종
鐘 쇠북 종 (钟)
從 좇을 종 (从)
州 고을 주
酒 술 주
宙 집 주
準 법도 준 (准)
卽 곧 즉 (即)
曾 일찍 증
證 증거 증 (证)
枝 가지 지
之 갈 지
只 다만 지
智 지혜 지
職 벼슬 직 (职)
盡 다할 진 (尽)
執 잡을 집 (执)

차

且 또 차
借 빌릴 차
此 이 차
創 비롯할 창 (创)
昌 창성할 창
菜 나물 채
採 캘 채 (采)
妻 아내 처
尺 자 척
泉 샘 천
淺 얕을 천 (浅)
晴 갤 청
招 부를 초
總 거느릴 총 (总)
推 밀 추
追 쫓을 추
丑 소/지지 축
就 나아갈 취
吹 불 취
層 층 층 (层)

타

卓 높을 탁
炭 숯 탄
泰 클 태
討 칠 토 (讨)
痛 아플 통
投 던질 투

파

破 깨뜨릴 파
板 널빤지 판
篇 책 편
閉 닫을 폐 (闭)
包 쌀 포
抱 안을 포
票 표 표
豐 풍년 풍 (丰)
皮 가죽 피
彼 저 피
疲 피곤할 피
匹 짝 필

하

何 어찌 하
賀 하례할 하 (贺)
閑 한가할 한 (闲)
恨 한할 한
恒 항상 항
亥 돼지/지지 해
虛 빌 허 (虚)
驗 시험 험 (验)
革 가죽 혁
賢 어질 현 (贤)
刑 형벌 형
虎 범 호
乎 어조사 호
或 혹 혹
混 섞을 혼
紅 붉을 홍 (红)
華 빛날 화 (华)
歡 기쁠 환 (欢)
皇 임금 황
候 기후 후
厚 두터울 후
胸 가슴 흉
吸 숨들이쉴 흡
喜 기쁠 희

선정한자 (8급~4급)

8 급

九	아홉	구	
口	입	구	
女	계집	녀	
六	여섯	륙	
母	어머니	모	
木	나무	목	
門	문	문	(门)
白	흰	백	
父	아버지	부	
四	넉	사	
山	메	산	
三	석	삼	
上	위	상	
小	작을	소	
水	물	수	
十	열	십	
五	다섯	오	
王	임금	왕	
月	달	월	
二	두	이	
人	사람	인	
日	날	일	
一	한	일	
子	아들	자	
中	가운데	중	
七	일곱	칠	
土	흙	토	
八	여덟	팔	
下	아래	하	
火	불	화	

7 급

江	강	강	
工	장인	공	
金	쇠	금	
男	사내	남	
力	힘	력	
立	설	립	
目	눈	목	
百	일백	백	
生	날	생	
石	돌	석	
手	손	수	
心	마음	심	
入	들	입	
自	스스로	자	
足	발	족	
川	내/냇물	천	
千	일천	천	
天	하늘	천	
出	날	출	
兄	맏	형	

6 급

南	남녘	남	
內	안	내	
年	해	년	
東	동녘	동	(东)
同	한가지	동	
名	이름	명	
文	글월	문	
方	모	방	
夫	지아비	부	
北	북녘	북	
西	서녘	서	
夕	저녁	석	
少	적을/젊을	소	
外	바깥	외	
正	바를	정	
弟	아우	제	
主	주인	주	
靑	푸를	청	
寸	마디	촌	
向	향할	향	

준5 급

歌	노래	가	
家	집	가	
間	사이	간	(间)
車	수레	거	(车)
巾	수건	건	
古	예	고	
空	빌	공	
敎	가르칠	교	(教)
校	학교	교	
國	나라	국	(国)
軍	군사	군	(军)
今	이제	금	
記	기록할	기	(记)
氣	기운	기	(气)
己	몸	기	
農	농사	농	(农)
答	대답	답	
代	대신할	대	
大	큰	대	
道	길	도	
洞	골	동	
登	오를	등	
來	올	래	(来)
老	늙을	로	
里	마을	리	
林	수풀	림	
馬	말	마	(马)
萬	일만	만	(万)
末	끝	말	
每	매양	매	
面	낯	면	
問	물을	문	(问)
物	물건	물	
民	백성	민	
本	근본	본	
分	나눌	분	
不	아니	불	
士	선비	사	
事	일	사	
色	빛	색	
先	먼저	선	
姓	성씨	성	
世	세상	세	
所	바	소	
時	때	시	(时)
市	저자	시	
食	먹을	식	
植	심을	식	(植)
室	집	실	
安	편안할	안	
羊	양	양	
語	말씀	어	(语)
午	낮	오	
玉	구슬	옥	
牛	소	우	
右	오른	우	
位	자리	위	
有	있을	유	
育	기를	육	
邑	고을	읍	
衣	옷	의	
耳	귀	이	
字	글자	자	
長	긴	장	(长)
場	마당	장	(场)
電	번개	전	(电)
前	앞	전	
全	온전할	전	
祖	할아비	조	
左	왼	좌	
住	살	주	
地	땅	지	
草	풀	초	
平	평평할	평	
學	배울	학	(学)
韓	나라이름	한	(韩)
漢	한수	한	(汉)
合	합할	합	
海	바다	해	
孝	효도	효	
休	쉴	휴	

5 급

各	각각	각	

感 느낄 감
強 강할 강
開 열 개 (开)
去 갈 거
犬 개 견
見 볼 견 (见)
京 서울 경
計 셀 계 (计)
界 지경 계
苦 괴로울 고
高 높을 고
功 공 공
共 함께 공
科 과목 과
果 과실 과
光 빛 광
交 사귈 교
郡 고을 군
近 가까울 근
根 뿌리 근
急 급할 급
多 많을 다
短 짧을 단
當 마땅할 당 (当)
堂 집 당
對 대답할 대 (对)
圖 그림 도 (图)
度 법도 도
刀 칼 도
讀 읽을 독 (读)
冬 겨울 동
童 아이 동
頭 머리 두 (头)
等 무리 등
樂 즐거울 락
禮 예도 례 (礼)
路 길 로
綠 푸를 록 (绿)
理 다스릴 리
李 오얏 리
利 이로울 리
命 목숨 명
明 밝을 명
毛 털 모
無 없을 무 (无)
聞 들을 문 (闻)
米 쌀 미

美 아름다울 미
朴 순박할 박
反 돌이킬 반
半 절반 반
發 필 발 (发)
放 놓을 방
番 차례 번
別 다를 별
病 병 병
步 걸음 보
服 옷 복
部 거느릴 부
死 죽을 사
書 글 서 (书)
席 자리 석
線 줄 선 (线)
省 살필 성
性 성품 성
成 이룰 성
消 사라질 소
速 빠를 속
孫 손자 손 (孙)
樹 나무 수 (树)
首 머리 수
習 익힐 습 (习)
勝 이길 승 (胜)
詩 글 시 (诗)
示 보일 시
始 처음 시
式 법 식
神 귀신 신
身 몸 신
信 믿을 신
新 새로울 신
失 잃을 실
愛 사랑 애 (爱)
野 들 야
夜 밤 야
藥 약 약 (药)
弱 약할 약
陽 볕 양 (阳)
洋 큰바다 양
魚 물고기 어 (鱼)
言 말씀 언
業 일 업 (业)
永 길 영
英 꽃부리 영

勇 날쌜 용
用 쓸 용
友 벗 우
運 움직일 운 (运)
遠 멀 원 (远)
原 언덕/근본 원
元 으뜸 원
油 기름 유
肉 고기 육
銀 은 은 (银)
飮 마실 음 (饮)
音 소리 음
意 뜻 의
者 놈 자 (者)
昨 어제 작
作 지을 작
章 글 장
在 있을 재
才 재주 재
田 밭 전
題 제목 제 (题)
第 차례 제
朝 아침 조
族 겨레 족
晝 낮 주 (昼)
竹 대 죽
重 무거울 중
直 곧을 직 (直)
窓 창문 창 (窗)
淸 맑을 청
體 몸 체 (体)
村 마을 촌
秋 가을 추
春 봄 춘
親 친할 친 (亲)
太 클 태
通 통할 통
貝 조개 패 (贝)
便 편할 편
表 겉 표
品 물건 품
風 바람 풍 (风)
夏 여름 하
行 다닐 행
幸 다행 행
血 피 혈
形 모양 형

號 이름 호 (号)
花 꽃 화
話 말씀 화 (话)
和 화할 화
活 살 활
黃 누를 황
會 모일 회 (会)
後 뒤 후

준4 급

價 값 가 (价)
加 더할 가
可 옳을 가
角 뿔 각
甘 달 감
改 고칠 개
個 낱개 개 (个)
客 손님 객
決 결단할 결 (决)
結 맺을 결 (结)
輕 가벼울 경 (轻)
敬 공경할 경
季 철 계
固 굳을 고
考 상고할 고
告 알릴 고
曲 굽을 곡
公 공변될 공
課 매길 과 (课)
過 지날 과 (过)
關 관계할/빗장 관 (关)
觀 볼 관 (观)
廣 넓을 광 (广)
橋 다리 교 (桥)
求 구할 구
君 임금 군
貴 귀할 귀 (贵)
極 다할 극 (极)
給 줄 급 (给)
期 기약할 기
技 재주 기
基 터 기
吉 길할 길
念 생각 념
能 능할 능
談 말씀 담 (谈)

待	기다릴	대	
德	덕	덕	
都	도읍	도	(都)
島	섬	도	(岛)
到	이를	도	
動	움직일	동	(动)
落	떨어질	락	
冷	찰	랭	
兩	두	량	(两)
良	어질	량	
量	헤아릴	량	
歷	지낼	력	(历)
領	옷깃	령	(领)
令	하여금/명령할	령	(令)
例	법식	례	
勞	수고로울	로	(劳)
料	헤아릴	료	
流	흐를	류	
亡	망할	망	
望	바랄	망	
買	살	매	(买)
妹	아랫누이	매	
賣	팔	매	(卖)
武	굳셀	무	
味	맛	미	
未	아닐	미	
法	법	법	
兵	군사	병	
報	갚을/알릴	보	(报)
福	복	복	
奉	받들	봉	
富	부자	부	
備	갖출	비	(备)
比	견줄	비	
貧	가난할	빈	(贫)
氷	얼음	빙	
仕	벼슬할	사	
思	생각	사	
師	스승	사	(师)
史	역사	사	
使	하여금	사	
産	낳을	산	(产)
算	셈	산	
賞	상줄	상	(赏)
相	서로	상	
商	장사	상	
常	항상	상	
序	차례	서	
船	배	선	
仙	신선	선	
善	착할	선	
雪	눈	설	
說	말씀	설	(说)
星	별	성	
城	재	성	
誠	정성	성	(诚)
洗	씻을	세	
歲	해	세	(岁)
送	보낼	송	
數	셈	수	(数)
守	지킬	수	
宿	잠잘	숙	
順	순할	순	(顺)
視	볼	시	(视)
試	시험	시	(试)
識	알	식	(识)
臣	신하	신	
實	열매	실	(实)
氏	성씨	씨	
兒	아이	아	(儿)
惡	악할	악	(恶)
案	책상/생각	안	
暗	어두울	암	
約	맺을	약	(约)
養	기를	양	(养)
漁	고기잡을	어	(渔)
億	억	억	(亿)
如	같을	여	
餘	남을	여	(馀)
然	그럴	연	
熱	더울	열	(热)
葉	잎	엽	(叶)
屋	집	옥	
溫	따뜻할	온	(温)
完	완전할	완	
要	구할	요	
雨	비	우	
雲	구름	운	(云)
園	동산	원	(园)
願	원할	원	(愿)
由	말미암을	유	
義	옳을	의	(义)
醫	의원	의	(医)
以	써	이	
因	인할	인	
姊	맏누이	자	
再	두	재	
材	재목	재	
財	재물	재	(财)
爭	다툴	쟁	(争)
低	낮을	저	
貯	쌓을	저	(贮)
的	과녁	적	
赤	붉을	적	
典	법	전	
戰	싸움	전	(战)
傳	전할	전	(传)
展	펼	전	
店	가게	점	
庭	뜰	정	
情	뜻	정	
定	정할	정	
調	고를	조	(调)
助	도울	조	
鳥	새	조	(鸟)
早	이를	조	
存	있을	존	
卒	군사/마칠	졸	
終	마칠	종	(终)
種	씨	종	(种)
罪	허물	죄	
注	물댈	주	
止	그칠	지	
志	뜻	지	
知	알	지	
至	이를	지	
紙	종이	지	(纸)
支	지탱할	지	
進	나아갈	진	(进)
眞	참	진	(真)
質	바탕	질	(质)
集	모일	집	
次	버금	차	
參	참여할	참	(参)
責	꾸짖을	책	(责)
鐵	쇠	철	(铁)
初	처음	초	
祝	빌	축	
充	채울	충	
忠	충성	충	
致	이를	치	
他	다를	타	
打	칠	타	
宅	집	택	
統	거느릴	통	(统)
特	특별할	특	
敗	패할	패	(败)
必	반드시	필	
河	물	하	
寒	찰	한	
害	해칠	해	
香	향기	향	
許	허락할	허	(许)
現	나타날	현	(现)
好	좋을	호	
湖	호수	호	
畫	그림	화	(画)
化	될	화	
患	근심	환	
回	돌	회	
效	본받을	효	
訓	가르칠	훈	(训)
凶	흉할	흉	
黑	검을	흑	

4 급

街	거리	가	
假	거짓	가	
佳	아름다울	가	
干	방패	간	
看	볼	간	
減	덜	감	(减)
甲	껍질	갑	
更	다시	갱	
擧	들	거	(举)
巨	클	거	
建	세울	건	
乾	하늘	건	
慶	경사	경	(庆)
競	다툴	경	(竞)
耕	밭갈	경	
景	볕	경	
經	지날/글	경	(经)
庚	천간	경	
溪	시내	계	
癸	천간	계	
故	연고	고	

谷 골 곡
骨 뼈 골
官 벼슬 관
救 구원할 구
究 궁구할 구
句 글귀 구
舊 예 구 (旧)
久 오랠 구
弓 활 궁
權 권세 권 (权)
均 고를 균
禁 금할 금
及 미칠 급
其 그 기
起 일어날 기
乃 이에 내
怒 성낼 노
端 바를/끝 단
丹 붉을 단
單 홑 단 (单)
達 통달할 달 (达)
徒 무리 도
獨 홀로 독 (独)
斗 말 두
得 얻을 득
燈 등잔 등 (灯)
旅 나그네 려
連 이을 련 (连)
練 익힐 련 (练)
烈 매울 렬
列 벌일 렬
論 논할 론 (论)
陸 뭍 륙 (陆)
倫 인륜 륜 (伦)
律 법 률
滿 찰 만 (满)
忘 잊을 망
妙 묘할 묘
卯 토끼 묘
務 힘쓸 무 (务)
尾 꼬리 미
密 빽빽할 밀
飯 밥 반 (饭)
防 막을 방
房 방 방
訪 찾을 방 (访)
拜 절 배

伐 칠 벌
變 변할 변 (变)
丙 남녘 병
保 지킬 보
復 돌아올 복 (复)
否 아닐 부
婦 지어미/며느리 부 (妇)
佛 부처 불
悲 슬플 비
非 아닐 비
鼻 코 비
巳 뱀/지지 사
謝 사례할 사 (谢)
私 사사로울 사
絲 실 사 (丝)
寺 절 사
舍 집 사
散 흩어질 산
想 생각 상
選 가릴 선 (选)
鮮 고울 선 (鲜)
舌 혀 설
聖 성스러울 성 (圣)
盛 성할 성
聲 소리 성 (声)
細 가늘 세 (细)
勢 권세 세 (势)
稅 세금 세
笑 웃음 소
續 이을 속 (续)
俗 풍속 속
松 소나무 송
收 거둘 수
修 닦을 수
受 받을 수
授 줄 수
純 순수할 순 (纯)
戌 개/지지 술
拾 주울 습
承 이을 승
是 옳을 시
辛 매울 신
申 펼/지지 신
眼 눈 안
若 같을/만약 약
與 더불/줄 여 (与)
逆 거스를 역

研 갈 연 (研)
榮 영화 영 (荣)
藝 재주 예 (艺)
誤 그릇될 오 (误)
往 갈 왕
浴 목욕할 욕
容 얼굴 용
遇 만날 우
雄 수컷 웅
危 위태할 위
偉 클 위 (伟)
爲 할 위 (为)
遺 남길 유 (遗)
酉 닭/지지 유
恩 은혜 은
乙 새 을
陰 그늘 음 (阴)
應 응할 응 (应)
依 의지할 의
異 다를 이 (异)
移 옮길 이
益 더할 익
引 끌 인
印 도장 인
寅 범/지지 인
認 알 인 (认)
壬 천간/북방 임
將 장수/장차 장 (将)
適 맞을 적 (适)
敵 원수 적 (敌)
節 마디 절 (节)
接 이을 접
停 머무를 정
井 우물 정
精 정기 정
政 정사 정
除 덜 제
祭 제사 제
製 지을 제 (制)
兆 조 조
造 지을 조
尊 높을 존
坐 앉을 좌
走 달릴 주
朱 붉을 주
衆 무리 중 (众)
增 더할 증

持 가질 지
指 손가락/가리킬 지
辰 별/지지 진
着 붙을 착
察 살필 찰
唱 부를 창
冊 책 책
處 곳 처 (处)
聽 들을 청 (听)
請 청할 청 (请)
最 가장 최
蟲 벌레 충 (虫)
取 가질 취
治 다스릴 치
齒 이 치 (齿)
則 법칙 칙 (则)
針 바늘 침 (针)
快 쾌할 쾌
脫 벗을 탈
探 찾을 탐
退 물러날 퇴
波 물결 파
判 판단할 판
片 조각 편
布 베/펼 포
暴 사나울 포
筆 붓 필 (笔)
限 한정 한
解 풀 해
鄕 시골/마을 향 (乡)
協 도울 협 (协)
惠 은혜 혜
呼 부를 호
戶 지게문 호
婚 혼인할 혼
貨 재화 화 (货)
興 일어날 흥 (兴)
希 바랄 희

음과 뜻이 여럿인 한자

- **降**
  - 내릴 강 (下降:하강)
  - 항복할 항 (降伏:항복)
- **更**
  - 다시 갱 (更新:갱신)
  - 고칠 경 (變更:변경)
- **車**
  - 수레 거 (車馬:거마)
  - 수레 차 (車費:차비)
- **見**
  - 볼 견 (見聞:견문)
  - 뵐 현 (謁見:알현)
- **金**
  - 쇠 금 (金屬:금속)
  - 성 김 (金氏:김씨)
- **度**
  - 법도 도 (制度:제도)
  - 헤아릴 탁 (度支:탁지)
- **讀**
  - 읽을 독 (讀書:독서)
  - 구절 두 (句讀:구두)
- **洞**
  - 마을 동 (洞里:동리)
  - 꿰뚫을 통 (洞達:통달)
- **樂**
  - 즐거울 락 (娛樂:오락)
  - 풍류 악 (音樂:음악)
  - 좋아할 요 (樂山:요산)
- **北**
  - 북녘 북 (北方:북방)
  - 달아날 배 (敗北:패배)
- **復**
  - 돌아올 복 (回復:회복)
  - 다시 부 (復活:부활)
- **否**
  - 아닐 부 (否認:부인)
  - 막힐 비 (否塞:비색)
- **不**
  - 아니 불 (不吉:불길)
  - 아닐 부 (不當:부당)
- **殺**
  - 죽일 살 (殺生:살생)
  - 감할 쇄 (相殺:상쇄)
- **狀**
  - 모양 상 (形狀:형상)
  - 문서 장 (賞狀:상장)
- **說**
  - 말씀 설 (說明:설명)
  - 달랠 세 (遊說:유세)
  - 기쁠 열 (說樂:열락)
- **省**
  - 살필 성 (省察:성찰)
  - 덜 생 (省略:생략)
- **數**
  - 셈 수 (數學:수학)
  - 자주 삭 (頻數:빈삭)
- **宿**
  - 잠잘 숙 (宿所:숙소)
  - 별자리 수 (星宿:성수)
- **拾**
  - 주울 습 (拾得:습득)
  - 열 십 (拾萬:십만)
- **食**
  - 먹을 식 (飮食:음식)
  - 밥 사 (簞食:단사)
- **識**
  - 알 식 (知識:지식)
  - 기록할 지 (標識:표지)
- **惡**
  - 악할 악 (善惡:선악)
  - 미워할 오 (嫌惡:혐오)
- **易**
  - 바꿀 역 (貿易:무역)
  - 쉬울 이 (容易:용이)
- **切**
  - 끊을 절 (切斷:절단)
  - 모두 체 (一切:일체)
- **辰**
  - 지지 진 (辰時:진시)
  - 별 신 (辰星:신성)
- **參**
  - 참여할 참 (參加:참가)
  - 석 삼 (參拾:삼십)
- **宅**
  - 집 택 (住宅:주택)
  - 댁 댁 (宅內:댁내)
- **便**
  - 편할 편 (便利:편리)
  - 오줌 변 (小便:소변)
- **布**
  - 펼 포 (布告:포고)
  - 펼 보 (布施:보시)
- **暴**
  - 사나울 폭 (暴風:폭풍)
  - 사나울 포 (暴惡:포악)
- **行**
  - 다닐 행 (行人:행인)
  - 항렬 항 (行列:항렬)

준3급 교과서한자어

가

家畜 가축
覺悟 각오
簡單 간단
感歎文 감탄문
講演 강연
概念 개념
開港 개항
距離 거리
拒絶 거절
乾電池 건전지
乾燥 건조
激勵 격려
缺陷 결함
兼任 겸임
頃刻 경각
傾向 경향
硬化 경화
契 계
啓蒙 계몽
古墳 고분
枯死 고사
鼓吹 고취
供給 공급
空欄 공란
恭遜 공손
貢獻 공헌
誇張 과장
寡占 과점
過怠料 과태료
關聯 관련
慣習 관습
寬容 관용
貫徹 관철
官廳 관청
冠婚喪祭 관혼상제
鑛物 광물
巧妙 교묘
交涉 교섭
郊外 교외
矯正 교정
交替 교체
交換 교환
拘束 구속
屈伏 굴복
宮闕 궁궐
鬼神 귀신
閨房 규방
規範 규범
根幹 근간
根據 근거
禽獸 금수
金融 금융
肯定 긍정
寄稿 기고
機構 기구
寄生 기생
起訴 기소
氣壓 기압
緊張 긴장

나

浪漫主義 낭만주의
來賓 내빈
耐性 내성
冷却 냉각
冷淡 냉담
老翁 노옹
祿俸 녹봉
濃度 농도
腦死 뇌사
樓閣 누각

다

檀君 단군
斷髮令 단발령
擔保 담보
踏査 답사
臺本 대본
大雄殿 대웅전
大藏經 대장경
對照 대조
圖鑑 도감
陶工 도공
倒置 도치
同盟 동맹
凍死 동사
鈍角 둔각

마

幕 막
媒體 매체
梅花 매화
脈絡 맥락
猛獸 맹수
盲點 맹점
綿織 면직
滅亡 멸망
名詞 명사
名譽 명예
模倣 모방
矛盾 모순
謀議 모의
沒入 몰입
貿易 무역
無影 무영
美貌 미모
微分 미분
未畢 미필

바

博物館 박물관
反映 반영
白眉 백미
伯父 백부
飜案 번안
壁畫 벽화
變態 변태
竝列 병렬
補償 보상
普遍 보편
保險 보험
保護 보호
福祉 복지
封建 봉건
附錄 부록
附屬 부속
奮發 분발
分裂 분열
比較 비교
碑銘 비명
卑俗語 비속어
比率 비율
批評 비평
貧富隔差 빈부격차
聘丈 빙장

사

祠堂 사당
沙漠 사막
似而非 사이비
辭典 사전
寺刹 사찰
事項 사항
士禍 사화
山岳 산악
三綱 삼강
森林 삼림
象徵 상징
相互 상호
狀況 상황
生活圈 생활권
敍述 서술
徐行 서행

石筍 석순
石塔 석탑
選擇 선택
宣布 선포
旋回 선회
細菌 세균
洗劑 세제
細胞 세포
疏外 소외
所謂 소위
騷音 소음
需要 수요
隨筆 수필
瞬間 순간
濕度 습도
昇華 승화
信賴 신뢰
愼重 신중
審議 심의

아

惡臭 악취
安寧 안녕
厄運 액운
額子小說 액자소설
液晶 액정
抑揚 억양
輿論 여론
旅程 여정
役割 역할
聯邦 연방
零下 영하
靈魂 영혼
豫算 예산
緩和 완화
要塞 요새
鎔巖 용암
優劣 우열
右翼 우익
緯度 위도
慰勞 위로
委員 위원
僞造 위조
威脅 위협
遺蹟 유적
幼稚 유치
誘惑 유혹
輪作 윤작
隆盛 융성
隱喩法 은유법
音韻 음운
疑問文 의문문
履歷 이력
裏面 이면
異樣船 이양선
利潤 이윤
匿名 익명
逸脫 일탈
賃金 임금

자

資本 자본
紫外線 자외선
殘忍 잔인
潛水 잠수
暫時 잠시
裝身具 장신구
莊園 장원
裁判 재판
抵抗 저항
絶叫 절규
漸層法 점층법
政黨 정당
整理 정리
政府 정부
情緒 정서
政策 정책
提案 제안
鳥嶺 조령
潮流 조류
條約 조약
組織 조직
族譜 족보
宗廟 종묘
縱橫 종횡
座標 좌표
週末 주말
株式 주식
遵法 준법
重複 중복
中庸 중용
證券 증권
蒸散 증산
憎惡 증오
地獄 지옥
智慧 지혜
指揮 지휘
直喩法 직유법
振動 진동
疾病 질병
懲罰 징벌

차

蒼空 창공
滄海 창해
債務 채무
哲學 철학
尖端 첨단
添削 첨삭
靑銅器 청동기
淸白吏 청백리
肖像 초상
超越 초월
聰明 총명
推薦 추천
縮尺 축척
衝突 충돌
醉氣 취기
趣味 취미
測雨器 측우기
親戚 친척
沈默 침묵
稱讚 칭찬

타

妥當 타당
彈性 탄성
貪慾 탐욕
太陽曆 태양력
吐露 토로
土壤 토양
投機 투기
鬪爭 투쟁
特殊 특수

파

播種 파종
偏見 편견
弊社 폐사
肺活量 폐활량
抛物線 포물선
飽和 포화
避雷針 피뢰침
被害 피해

하

學派 학파
含蓄 함축
抗爭 항쟁
解夢 해몽
核 핵
享有 향유
許諾 허락
憲法 헌법
血緣 혈연
螢雪 형설
胡亂 호란
戶籍 호적
混雜 혼잡
混濁 혼탁
忽然 홀연
洪水 홍수
弘益人間 홍익인간
火賊 화적
華燭 화촉
擴大 확대
確信 확신
環境 환경
還穀 환곡
獲得 획득
揮毫 휘호
戲曲 희곡
戲弄 희롱
稀少 희소

한자실력급수 자격시험
준3급

연 습 문 제

(1회~15회)

한자실력급수 자격시험 준3급 연습문제 〈1〉

객관식 (1~30번)

※ 다음 [　]안의 한자와 음이 같은 한자는?

1. [哉] ① 製 ② 幾 ③ 災 ④ 採
2. [唯] ① 推 ② 誰 ③ 憂 ④ 乳
3. [哀] ① 解 ② 表 ③ 愛 ④ 豆
4. [泣] ① 邑 ② 吸 ③ 及 ④ 應
5. [杯] ① 扶 ② 配 ③ 格 ④ 傷

※ 다음 [　]안의 한자와 뜻이 비슷하거나 같은 한자는?

6. [聽] ① 閑 ② 聞 ③ 間 ④ 問
7. [怨] ① 惜 ② 根 ③ 恨 ④ 慈

※ 다음 [　]안의 한자와 뜻이 상대(반대)되는 한자는?

8. [此] ① 我 ② 皮 ③ 比 ④ 彼
9. [難] ① 勤 ② 漢 ③ 易 ④ 破

※ 다음 〈보기〉의 낱말들과 가장 관련이 깊은 한자는?

10.

〈보기〉	백과사전	소설	교과서

① 尙 ② 犯 ③ 卷 ④ 余

11.

〈보기〉	골절	상처	병원

① 疲 ② 痛 ③ 減 ④ 望

12.

〈보기〉	소띠	황소	음매

① 丑 ② 虎 ③ 象 ④ 亥

※ 다음 [　]의 단어를 한자로 알맞게 쓴 것은?

13. 어머니께서는 [**소박**]한 상차림을 좋아하신다.
 ① 少朴 ② 消朴 ③ 素朴 ④ 所朴
14. 우리 도시에서 [**국제**] 음악회가 열린다.
 ① 局制 ② 國制 ③ 局際 ④ 國際
15. 그는 [**지략**]이 뛰어난 사람이었다.
 ① 智略 ② 指略 ③ 志略 ④ 至略

※ 주어진 뜻에 알맞은 한자어는?

16. 남에게 끼친 손해를 갚음.
 ① 概念 ② 確信 ③ 疾病 ④ 補償
17. 인정이 없고 아주 모짊.
 ① 獲得 ② 殘忍 ③ 株式 ④ 戱弄
18. 다른 사람의 장인을 이르는 말.
 ① 洪水 ② 提案 ③ 聘丈 ④ 政策
19. 어떠한 한계나 표준을 뛰어넘음.
 ① 超越 ② 享有 ③ 資本 ④ 混濁
20. 액을 당할 운수.
 ① 擴大 ② 履歷 ③ 厄運 ④ 華燭
21. 90도보다는 크고 180도보다는 작은 각.
 ① 鈍角 ② 輿論 ③ 啓蒙 ④ 傾向
22. 마음에 있는 것을 죄다 드러내어서 말함.
 ① 鼓吹 ② 疏外 ③ 吐露 ④ 匿名
23. 생물체 가운데 가장 미세하고 가장 하등에 속하는 단세포 생활체.
 ① 覺悟 ② 寄生 ③ 老翁 ④ 細菌
24. 그림이나 사진을 모아 실물 대신 볼 수 있도록 엮은 책.
 ① 尖端 ② 圖鑑 ③ 偏見 ④ 戶籍
25. 시문(詩文)이나 답안 따위의 내용 일부를 보태거나 삭제하여 고침.
 ① 簡單 ② 添削 ③ 役割 ④ 優劣

※ [　]안에 들어갈 한자어로 알맞은 것은?

26. 대형 비행기가 [　　]을/를 가로질렀다.
 ① 蒼空 ② 貢獻 ③ 逸脫 ④ 美貌
27. 한복차림의 전통 [　　]은/는 노리개, 비녀 등이 있다.
 ① 隱喩法 ② 過怠料 ③ 異様船 ④ 裝身具
28. 애국지사들은 일제의 탄압에 맞서 비밀리에 군사작전을 [　　]했다.
 ① 肖像 ② 謀議 ③ 綿織 ④ 誘惑

29. '문경새재'는 새가 넘는 고개라 하여 [　　　]이라 고도 불린다.
① 懲罰　② 昇華　③ 講演　④ 鳥嶺

30. [　　　]은/는 강우량을 측정하는 과학기기로, 우리나라가 세계 최초로 만들었다.
① 似而非　② 大藏經　③ 測雨器　④ 靑銅器

주관식 (31~100번)

※ 한자의 훈(뜻)과 음(소리)을 한글로 쓰시오.

31. 驚 (　　　　　)
32. 淑 (　　　　　)
33. 員 (　　　　　)
34. 仁 (　　　　　)
35. 貞 (　　　　　)
36. 朋 (　　　　　)
37. 錢 (　　　　　)
38. 遊 (　　　　　)
39. 也 (　　　　　)
40. 脚 (　　　　　)

※ 훈과 음에 맞는 한자를 〈보기〉에서 찾아 쓰시오.

〈보기〉	板 謠 寫 降 源 喪 尺 汝 恒 從

41. 베낄 사 (　　　)
42. 너 여 (　　　)
43. 근원 원 (　　　)
44. 좇을 종 (　　　)
45. 자 척 (　　　)
46. 널빤지 판 (　　　)
47. 항상 항 (　　　)
48. 노래 요 (　　　)
49. 초상 상 (　　　)
50. 내릴 강 (　　　)

※ 다음 한자어의 독음을 한글로 쓰시오.

51. 昌盛 (　　　)
52. 招待 (　　　)
53. 果敢 (　　　)
54. 歡迎 (　　　)
55. 壯丁 (　　　)
56. 容顏 (　　　)
57. 音階 (　　　)
58. 積極 (　　　)
59. 牧場 (　　　)
60. 損益 (　　　)
61. 冊床 (　　　)
62. 玉篇 (　　　)
63. 試驗 (　　　)
64. 動靜 (　　　)
65. 虛無 (　　　)
66. 露出 (　　　)
67. 納涼 (　　　)

※ 〈보기〉의 뜻을 참고하여 ○ 안에 공통으로 들어갈 한자를 쓰시오.

68. (1) ○固　(2) 中○　(　　　)

〈보기〉	(1) 굳고 단단함. (2) 어떤 단체나 사회에서 중심이 되는 사람.

69. (1) ○景　(2) ○信　(　　　)

〈보기〉	(1) 뒤쪽의 경치. 사건이나 환경, 인물 따위를 둘러싼 주위의 정경. (2) 믿음이나 의리를 저버림.

70. (1) ○學　(2) 保○　(　　　)

〈보기〉	(1) 외국에 머물면서 공부함. (2) 어떤 일을 당장 처리하지 아니하고 나중으로 미루어 둠.

※ ○ 안에 공통으로 들어갈 한자를 <보기>에서 찾아 쓰시오.

〈보기〉	設 稅 仰 導 就 倍

71. 引○　○入　主○　(　　　)
72. ○業　成○　○職　(　　　)
73. ○關　免○　○務　(　　　)

※ 문장에서 잘못 쓴 한자를 바르게 고쳐 쓰시오. (단, 음이 같은 한자로 고칠 것)

74. 于宙 비행선이 무사히 착륙했다.
(→)

75. 의료기술의 발달로 인간의 須命이 길어졌다.
(→)

※ [ ] 안의 단어를 한자로 쓰시오.

76. 방 [**청소**]를 깨끗이 했다. ( )

77. 음식이 옷에 묻지 않게 [**조심**]해야 한다. ( )

78. 철저한 [**검사**]를 통해 제품의 불량률을 줄였다. ( )

79. 우주 정거장에서 본 [**지구**]의 모습은 정말 아름답다. ( )

80. 우리는 [**단지**] 취미가 같다는 이유로 친구가 되었다. ( )

※ [ ] 안의 한자어 독음을 한글로 쓰시오.

81. 이번 여자 축구 경기의 [白眉]는 멋진 중거리 골이다. ( )

82. 할머니께서는 사돈도령이 잘생겼다며 [稱讚]하셨다. ( )

83. 동생과 나는 [血緣]으로 맺어진 관계이다. ( )

84. 사촌 언니의 결혼식에 일가 [親戚]이 모두 모였다. ( )

85. 내년 봄에 수확할 보리를 [播種]했다. ( )

86. 기척도 없이 재빠르게 움직이는 솜씨가 [鬼神] 같았다. ( )

87. 그는 외국인들에게 조선 시대 [宮闕]의 건축 양식을 소개했다. ( )

88. 백범 선생은 종종 지인들에게 친필 [揮毫]를 선물했다. ( )

89. 충분한 대화와 타협으로 불필요한 [衝突]을 피할 수 있었다. ( )

90. 환경운동가들은 기업의 무분별한 개발에 반대하여 [鬪爭]을 했다. ( )

91. 합성 [洗劑]로 인한 수질오염을 줄이기 위해 천연비누를 사용하자. ( )

92. 구석기 시대의 사람들은 [猛獸]의 공격을 피하기 위해 동굴 앞에 불을 피웠다. ( )

93. [豫算]에 잘 맞추어 지출하여 적자가 나지 않도록 했다. ( )

94. 그 작가는 이 작품의 [臺本]을 직접 썼고 출연도 하고 있다. ( )

95. 재판장이 개정을 [宣布]했다. ( )

※ 한자성어의 설명을 읽고 ○ 안에 들어갈 한자를 차례대로 쓰시오.

96. ○○悲來 (,)

> [**홍진비래**] 즐거운 일이 다하면 슬픈 일이 닥쳐온다는 뜻으로, 세상일은 순환되는 것임을 이르는 말.

97. 寸○○人 (,)

> [**촌철살인**] 한 치의 쇠붙이로도 사람을 죽일 수 있다는 뜻으로, 간단한 말로도 남을 감동하게 하거나 남의 약점을 찌를 수 있음을 이르는 말.

98. ○○自若 (,)

> [**태연자약**] 마음에 어떠한 충동을 받아도 움직임이 없이 천연스러움.

99. 一刀○○ (,)

> [**일도양단**] 칼로 무엇을 대번에 쳐서 두 도막을 냄. 어떤 일을 머뭇거리지 아니하고 선뜻 결정함을 비유적으로 이르는 말.

100. ○○一鍼 (,)

> [**정문일침**] 정수리에 침을 놓는다는 뜻으로, 따끔한 충고나 교훈을 이르는 말.

- 수고하셨습니다 -

한자실력급수 자격시험 준3급 연습문제 〈2〉

객관식 (1~30번)

※ 다음 [ ]안의 한자와 음이 같은 한자는?

1. [素] ① 表 ② 掃 ③ 暴 ④ 票
2. [虎] ① 後 ② 孤 ③ 修 ④ 乎
3. [球] ① 區 ② 戒 ③ 羅 ④ 宙
4. [壯] ① 象 ② 腸 ③ 柳 ④ 鋼
5. [扶] ① 隊 ② 操 ③ 浮 ④ 乳

※ 다음 [ ]안의 한자와 뜻이 비슷하거나 같은 한자는?

6. [斷] ① 絶 ② 汝 ③ 繼 ④ 端
7. [設] ① 警 ② 殺 ③ 讓 ④ 施

※ 다음 [ ]안의 한자와 뜻이 상대(반대)되는 한자는?

8. [深] ① 潔 ② 淺 ③ 渴 ④ 浪
9. [哀] ① 柔 ② 戊 ③ 歡 ④ 候

※ 다음 〈보기〉의 낱말들과 가장 관련이 깊은 한자는?

10.

〈보기〉	발레	부채춤	무용

① 舞 ② 皮 ③ 炭 ④ 恒

11.

〈보기〉	말	버스	비행기

① 恨 ② 驗 ③ 乘 ④ 亥

12.

〈보기〉	백설공주	유리	화장대

① 從 ② 鏡 ③ 切 ④ 坤

※ 다음 [ ]의 단어를 한자로 알맞게 쓴 것은?

13. 그는 학생들을 열성껏 [**지도**]하였다.
① 指到 ② 持到 ③ 持導 ④ 指導

14. 아이가 넘어져 무릎에 [**상처**]를 입었다.
① 傷處 ② 喪妻 ③ 喪處 ④ 傷妻

15. [**적선**]한 집에는 반드시 후에 복이 있다.
① 積選 ② 的選 ③ 積善 ④ 的善

※ 주어진 뜻에 알맞은 한자어는?

16. 남의 잘못 따위를 너그럽게 받아들이거나 용서함.
① 誘惑 ② 寬容 ③ 批評 ④ 兼任

17. 사물 따위가 서로 이어져 있는 관계나 연관.
① 獲得 ② 殘忍 ③ 激勵 ④ 脈絡

18. 누리어 가짐.
① 享有 ② 頃刻 ③ 缺陷 ④ 乾燥

19. 어려움을 뚫고 나아가 목적을 기어이 이룸.
① 洪水 ② 還穀 ③ 貫徹 ④ 火賊

20. 행복한 삶.
① 沈默 ② 揮毫 ③ 福祉 ④ 倒置

21. 날짐승과 길짐승이라는 뜻으로, 모든 짐승을 이르는 말.
① 禽獸 ② 忽然 ③ 螢雪 ④ 許諾

22. 세상에 널리 알림.
① 貢獻 ② 超越 ③ 啓蒙 ④ 宣布

23. 불규칙하게 뒤섞여 불쾌하고 시끄러운 소리.
① 碑銘 ② 騷音 ③ 戲弄 ④ 模倣

24. 위험이나 곤란 따위가 미치지 아니하도록 잘 보살펴 돌봄.
① 添削 ② 役割 ③ 保護 ④ 聯邦

25. 환경 조건의 변화에 견딜 수 있는 생물의 성질.
① 耐性 ② 學派 ③ 飽和 ④ 特殊

※ [ ]안에 들어갈 한자어로 알맞은 것은?

26. 명절을 맞아 일가 [ ]들이 모두 모였다
① 家畜 ② 抵抗 ③ 稱讚 ④ 親戚

27. 두 선수의 실력은 비슷하여 [ ]을/를 가리기 힘들다.
① 補償 ② 優劣 ③ 聘丈 ④ 座標

28. 올 여름 공포영화들은 대부분 [ ]을/를 소재로 하고 있다.
① 敍述 ② 寄稿 ③ 鬼神 ④ 距離

29. 고른 치열을 만들기 위해 치아 [ ]을 시작했다.
① 胡亂 ② 靈魂 ③ 貪慾 ④ 矯正

30. 북극 원정대는 [ ]의 날씨에도 굴하지 않고 행군을 계속했다.
① 矛盾 ② 零下 ③ 講演 ④ 恭遜

주관식 (31~100번)

※ 한자의 훈(뜻)과 음(소리)을 한글로 쓰시오.

31. 就 ( )
32. 鐘 ( )
33. 謠 ( )
34. 執 ( )
35. 仰 ( )
36. 矣 ( )
37. 泣 ( )
38. 討 ( )
39. 納 ( )
40. 逢 ( )

※ 훈과 음에 맞는 한자를 〈보기〉에서 찾아 쓰시오.

〈보기〉	具 院 抱 秀 覽 墨 錢 莫 留 泉

41. 없을 막 ( )
42. 빼어날 수 ( )
43. 먹 묵 ( )
44. 집 원 ( )
45. 돈 전 ( )
46. 안을 포 ( )
47. 샘 천 ( )
48. 갖출 구 ( )
49. 머무를 류 ( )
50. 볼 람 ( )

※ 다음 한자어의 독음을 한글로 쓰시오.

51. 淑女 ( )
52. 彼此 ( )
53. 罰則 ( )
54. 常勤 ( )
55. 類推 ( )
56. 遊說 ( )
57. 勇敢 ( )
58. 記錄 ( )
59. 養鷄 ( )
60. 破格 ( )
61. 群落 ( )
62. 植栽 ( )
63. 圓滿 ( )
64. 痛快 ( )
65. 壽命 ( )
66. 物件 ( )
67. 階段 ( )

※ 〈보기〉의 뜻을 참고하여 ○ 안에 공통으로 들어갈 한자를 쓰시오.

68. (1) 車○ (2) 消○ ( )

〈보기〉	(1) 차를 타는 데에 드는 비용. (2) 돈이나 물자, 시간, 노력 따위를 들이거나 써서 없앰.

69. (1) ○氣 (2) 吸○ ( )

〈보기〉	(1) 무엇이 불에 탈 때에 생겨나는 흐릿한 기체나 기운. (2) 담배를 피움.

70. (1) ○書 (2) ○名 ( )

〈보기〉	(1) 책을 지음. 또는 지은 책. (2) 세상에 이름이 널리 드러나 있음.

※ ○ 안에 공통으로 들어갈 한자를 <보기>에서 찾아 쓰시오.

〈보기〉	倍 居 旣 社 必 崇

71. ○高 ○尙 ○拜 ( )
72. 入○ ○會 ○員 ( )
73. ○數 百○ ○加 ( )

※ **문장에서 잘못 쓴 한자를 바르게 고쳐 쓰시오. (단, 음이 같은 한자로 고칠 것)**

74. 그는 射眞보다 실물이 훨씬 낫다.
(→)

75. 선생님께서는 언제나 仁者한 미소로 우리를 맞아주신다. (→)

※ **[ ] 안의 단어를 한자로 쓰시오.**

76. [**야채**]는 비타민 함유량이 높다. ( )

77. 공연이 끝나자 [**허탈**]한 마음이 들었다.
( )

78. 폐 검사를 위해 [**흉부**] 엑스레이를 찍었다.
( )

79. 그는 [**빈곤**] 속에도 굴하지 않고 학업에 열중했다. ( )

80. 공원의 화가는 [**즉석**]에서 멋진 그림을 그려주었다. ( )

※ **[ ] 안의 한자어 독음을 한글로 쓰시오.**

81. 고구려를 견제하기 위해 신라와 백제가 손을 잡고 나제[同盟]을 맺었다. ( )

82. 이 지도의 [縮尺]은 오만분의 일이다.
( )

83. 긍정적인 마음은 좋은 생각을 [反映]한다.
( )

84. 거푸집은 [靑銅器]시대의 대표적인 유물이다.
( )

85. 매일 아침 수영을 했더니 [肺活量]이 좋아졌다. ( )

86. 어려운 문제가 생각보다 [簡單]하게 해결되었다. ( )

87. 골짜기 양쪽은 울창한 [森林]으로 덮여 있었다. ( )

88. 혈액은 우리 몸에 영양분을 [供給]하는 역할을 한다. ( )

89. 누구나 남과 [比較] 당하는 것을 좋아하지 않는다. ( )

90. 날씨를 결정하는 3대 요소는 온도, [濕度], 기압이다. ( )

91. 금당에 [壁畫]를 그린 사람은 고구려 승려 담징이다. ( )

92. 그는 아직 너무 어려서 돈에 대한 [概念]이 없다. ( )

93. 물품의 가격이 떨어지자 소비자의 [需要]가 증가하였다. ( )

94. [組織]이 치밀하고 부드러운 천은 고급원단으로 분류된다. ( )

95. 두 사람은 [華燭]을 밝히고 부부가 되었다.
( )

※ **한자성어의 설명을 읽고 ○ 안에 들어갈 한자를 차례대로 쓰시오.**

96. ○豆○豆 (,)

[**종두득두**] 콩을 심으면 반드시 콩이 나온다는 뜻으로, 원인데 따라 결과가 생김을 이르는 말.

97. ○令○改 (,)

[**조령모개**] 아침에 명령한 것을 저녁에 다시 바꾼다는 뜻으로, 명령을 내린 것이 일관성 없이 자주 바뀌어 종잡을 수가 없음을 이르는 말.

98. ○用○生 (,)

[**이용후생**] 기구를 편리하게 쓰고 먹을 것과 입을 것을 넉넉하게 하여, 국민의 생활을 나아지게 함.

99. 以○○石 (,)

[**이란투석**] 달걀로 돌을 친다는 뜻으로, 아주 약한 것으로 강한 것에 대항하려는 어리석음을 비유적으로 이르는 말.

100. 千○一○ (,)

[**천편일률**] 여러 시문의 격조가 모두 비슷하여 개별적 특성이 없음.

- 수고하셨습니다 -

한자실력급수 자격시험 준3급 연습문제 〈3〉

객관식 (1~30번)

※ 다음 [ ]안의 한자와 음이 같은 한자는?

1. [證] ① 曾 ② 燈 ③ 精 ④ 層
2. [吹] ① 飮 ② 吟 ③ 就 ④ 吸
3. [旗] ① 已 ② 致 ③ 職 ④ 旣
4. [昌] ① 則 ② 創 ③ 傷 ④ 章
5. [仰] ① 揚 ② 讓 ③ 煙 ④ 央

※ 다음 [ ]안의 한자와 뜻이 비슷하거나 같은 한자는?

6. [恒] ① 恨 ② 憶 ③ 常 ④ 悅
7. [康] ① 安 ② 床 ③ 宇 ④ 庚

※ 다음 [ ]안의 한자와 뜻이 상대(반대)되는 한자는?

8. [坤] ① 甚 ② 柔 ③ 盡 ④ 乾
9. [早] ① 暖 ② 晩 ③ 晴 ④ 暑

※ 다음 〈보기〉의 낱말들과 가장 관련이 깊은 한자는?

10.

〈보기〉	빗자루	청소	쓰레질

① 招 ② 扶 ③ 掃 ④ 損

11.

〈보기〉	새	날개	비행기

① 驚 ② 區 ③ 虎 ④ 飛

12.

〈보기〉	두유	된장	완두

① 豆 ② 困 ③ 包 ④ 甲

※ 다음 [ ]의 단어를 한자로 알맞게 쓴 것은?

13. [중지]를 모아 문제를 해결했다.
① 重紙 ② 衆紙 ③ 衆智 ④ 重智
14. 부모님께서는 [온천]으로 여행을 다녀오셨다.
① 溫泉 ② 溫川 ③ 溫淺 ④ 溫千
15. 주말인데도 박물관은 생각보다 [한산]했다.
① 閑算 ② 閑散 ③ 寒算 ④ 寒散

※ 주어진 뜻에 알맞은 한자어는?

16. 차례나 위치 따위를 서로 뒤바꿈.
① 普遍 ② 右翼 ③ 倒置 ④ 誘惑
17. 본래의 형태가 변하여 달라짐. 또는 그런 상태.
① 揮毫 ② 變態 ③ 血緣 ④ 解夢
18. 특별히 다름.
① 習慣 ② 聰明 ③ 弊社 ④ 特殊
19. 겉으로 드러내지 아니하고 속에 간직함.
① 裏面 ② 整理 ③ 含蓄 ④ 妥當
20. 사진, 그림 따위에 나타낸 사람의 얼굴이나 모습.
① 肖像 ② 債務 ③ 遺蹟 ④ 鳥嶺
21. 맞서 싸움.
① 火賊 ② 胡亂 ③ 士禍 ④ 抗爭
22. 식어서 차게 됨.
① 聘丈 ② 冷却 ③ 賃金 ④ 液晶
23. 매우 조심스러움.
① 中庸 ② 殘忍 ③ 愼重 ④ 沈默
24. 법률이나 규칙을 좇아 지킴.
① 遵法 ② 憲法 ③ 保險 ④ 裁判
25. 아주 사무치게 미워함. 또는 그런 마음.
① 疏外 ② 憎惡 ③ 醉氣 ④ 地獄

※ [ ]안에 들어갈 한자어로 알맞은 것은?

26. 그 연기자는 드라마 [ ]을/를 아침부터 외우기 시작하였다.
① 所謂 ② 信賴 ③ 辭典 ④ 臺本
27. 오염된 생활환경은 건강을 [ ]한다.
① 威脅 ② 靈魂 ③ 哲學 ④ 隨筆
28. 대부분의 기업들은 [ ] 추구를 목적으로 한다.
① 宣布 ② 僞造 ③ 利潤 ④ 旋回

29. 기행문은 [   ]과 감상을 중심으로 작성한다.
① 輪作 ② 未畢 ③ 旅程 ④ 衝突

30. 미꾸라지 한 마리가 평온한 개울물을 [   ]하게 한다.
① 混濁 ② 潮流 ③ 族譜 ④ 沙漠

주관식 (31~100번)

※ 한자의 훈(뜻)과 음(소리)을 한글로 쓰시오.

31. 嚴 (   )
32. 災 (   )
33. 寶 (   )
34. 酒 (   )
35. 壽 (   )
36. 票 (   )
37. 叔 (   )
38. 亥 (   )
39. 尤 (   )
40. 胸 (   )

※ 훈과 음에 맞는 한자를 〈보기〉에서 찾아 쓰시오.

〈보기〉	鏡 栽 枝 技 哉 鐘 雖 施 設 誰

41. 재주 기 (   )
42. 베풀 시 (   )
43. 심을 재 (   )
44. 쇠북 종 (   )
45. 누구 수 (   )
46. 거울 경 (   )
47. 어조사 재 (   )
48. 베풀 설 (   )
49. 가지 지 (   )
50. 비록 수 (   )

※ 다음 한자어의 독음을 한글로 쓰시오.

51. 貞節 (   )
52. 鋼鐵 (   )
53. 渴望 (   )
54. 亦是 (   )
55. 淸潔 (   )
56. 準備 (   )
57. 崇尙 (   )
58. 鷄卵 (   )
59. 採集 (   )
60. 閉校 (   )
61. 疲勞 (   )
62. 難題 (   )
63. 皇帝 (   )
64. 儉素 (   )
65. 於此彼 (   )
66. 石炭 (   )
67. 討伐 (   )

※ 〈보기〉의 뜻을 참고하여 ○ 안에 공통으로 들어갈 한자를 쓰시오.

68. (1) 木○ (2) 武○ (   )

〈보기〉	(1) 나무로 만든 그릇. (2) 전쟁에 사용되는 기구를 통틀어 이르는 말.

69. (1) 不○ (2) 冬○ (   )

〈보기〉	(1) 잠을 자지 못함. (2) 동물이 활동을 중단하고 땅속에서 겨울을 보내는 일.

70. (1) ○心 (2) 志○ (   )

〈보기〉	(1) 잘못이나 실수가 없도록 말이나 행동에 마음을 씀. (2) 원칙과 신념을 굽히지 아니하고 끝까지 지켜 나가는 꿋꿋한 의지.

※ ○ 안에 공통으로 들어갈 한자를 <보기>에서 찾아 쓰시오.

〈보기〉	悲 慈 愁 怨 救 球

71. 野○ 電○ 地○ (   )
72. 仁○ ○愛 ○堂 (   )
73. 哀○ 鄕○ 憂○ (   )

※ 문장에서 잘못 쓴 한자를 바르게 고쳐 쓰시오. (단, 음이 같은 한자로 고칠 것)

74. 모든 일이 員滿하게 잘 처리 되었다. (→)

75. 고사장의 위치는 게시판에 있는 略導에 안내되어 있다. (→)

※ [ ] 안의 단어를 한자로 쓰시오.

76. 새로운 음반의 [**녹음**]을 기획했다. ( )

77. 전통혼례에서 [**신랑**]은 사모관대를 착용한다. ( )

78. 새 학기가 되어 각 학급에서는 [**반장**] 선거를 실시했다. ( )

79. 그는 어린이 도서만 [**전문**]으로 취급하는 서점을 경영한다. ( )

80. 부모님께 [**귀가**] 시간을 미리 알리는 것은 효의 기본이다. ( )

※ [ ] 안의 한자어 독음을 한글로 쓰시오.

81. 대나무는 절개의 [象徵]이다. ( )

82. 국회는 국가의 중요 [政策]을 결정하고 입법한다. ( )

83. 새로 분출된 [鎔巖]의 온도는 보통 1,000℃에서 1,200℃이다. ( )

84. 한국의 근대화는 조선말기의 [開港]을 통해 이루어졌다. ( )

85. 소설의 [敍述]에서 가장 많이 다루는 것은 서사와 묘사이다. ( )

86. 조선시대의 [祿俸]은 주로 곡식과 베나 비단 등으로 지급되었다. ( )

87. [檀君]조선이 세워졌다고 하는 기원전 2333년을 단기 1년으로 한다. ( )

88. 선수단은 이번 대회에서 전승무패의 신화를 이룩하겠다는 [覺悟]를 다졌다. ( )

89. 조선시대 '병조'는 군사 및 무기에 관한 일을 맡아 보던 [官廳]이다. ( )

90. 그는 어떤 압력에도 절대 [屈伏]하지 않았다. ( )

91. 화살이 [拋物線]을 그리며 날아간다. ( )

92. 그는 첫 출전한 올림픽에서 금메달을 [獲得] 했다. ( )

93. 그녀는 [巧妙]한 속임수로 상대방을 속였다. ( )

94. 이곳은 조선후기 [異樣船]이 자주 출몰하던 지역이다. ( )

95. 우리 회사는 근로자의 [福祉] 향상을 위해 노력하고 있다. ( )

※ 한자성어의 설명을 읽고 ○ 안에 들어갈 한자를 차례대로 쓰시오.

96. 人○○名 (,)

[**인사유명**] 사람은 죽어서 이름을 남긴다는 뜻으로, 사람의 삶이 헛되지 아니하면 그 이름이 길이 남음을 이르는 말.

97. ○○之間 (,)

[**지호지간**] 손짓하여 부를 만큼 가까운 거리.

98. ○世○人 (,)

[**절세가인**] 세상에 견줄 만한 사람이 없을 정도로 뛰어나게 아름다운 여인.

99. ○上空○ (,)

[**탁상공론**] 현실성이 없는 허황한 이론이나 논의.

100. ○竹之○ (,)

[**파죽지세**] 대를 쪼개는 기세라는 뜻으로, 적을 거침없이 물리치고 쳐들어가는 기세를 이르는 말.

– 수고하셨습니다 –

한자실력급수 자격시험 준3급 연습문제 〈4〉

객관식 (1~30번)

※ 다음 [　]안의 한자와 음이 같은 한자는?

1. [類] ① 皆　② 驚　③ 略　④ 柳
2. [諸] ① 際　② 者　③ 淨　④ 儉
3. [配] ① 憂　② 甚　③ 倍　④ 哉
4. [又] ① 而　② 尤　③ 寶　④ 喪
5. [須] ① 職　② 州　③ 誰　④ 切

※ 다음 [　]안의 한자와 뜻이 비슷하거나 같은 한자는?

6. [孤] ① 狀　② 犯　③ 猶　④ 獨
7. [停] ① 伏　② 留　③ 候　④ 余

※ 다음 [　]안의 한자와 뜻이 상대(반대)되는 한자는?

8. [虛] ① 虎　② 庫　③ 實　④ 床
9. [損] ① 益　② 恒　③ 忙　④ 慈

※ 다음 〈보기〉의 낱말들과 가장 관련이 깊은 한자는?

10.

〈보기〉	갈증	음료수	더위

① 汝　② 渴　③ 浮　④ 混

11.

〈보기〉	홍수	지진	태풍

① 災　② 營　③ 炭　④ 煙

12.

〈보기〉	양떼	목축업	목장

① 驗　② 特　③ 象　④ 牧

※ 다음 [　]의 단어를 한자로 알맞게 쓴 것은?

13. 특정 집단이나 지역 이기주의를 [**지양**]해야 한다.
① 至揚　② 至陽　③ 止揚　④ 止陽

14. 효녀 심청은 아버지를 [**정성**]으로 모셨다.
① 靜誠　② 精誠　③ 靜聲　④ 精聲

15. 어머니께서 [**약국**]에서 소화제를 사 오셨다.
① 弱國　② 藥國　③ 弱局　④ 藥局

※ 주어진 뜻에 알맞은 한자어는?

16. 어려움 속에서도 부지런하고 꾸준히 학문을 닦음을 이르는 말.
① 滄海　② 誘惑　③ 螢雪　④ 稱讚

17. 보수적이거나 국수적인 경향. 또는 그런 단체.
① 右翼　② 條約　③ 聘丈　④ 所謂

18. 많은 사람이 모여 어떤 목적을 위하여 구성한 조직이나 기관의 구성 체계.
① 講演　② 古墳　③ 關聯　④ 機構

19. 죽은 사람의 넋.
① 靈魂　② 傾向　③ 凍死　④ 名詞

20. 특정한 목적을 달성하기 위하여 여러 개체나 요소를 모아서 체계 있는 집단을 이룸.
① 郊外　② 竝列　③ 組織　④ 隆盛

21. 짧은 시간.
① 金融　② 暫時　③ 週末　④ 沒入

22. 장사 따위를 하여 남은 돈.
① 忽然　② 豫算　③ 資本　④ 利潤

23. 생물체를 이루는 기본 단위.
① 洗劑　② 細胞　③ 分裂　④ 微分

24. 액체와 고체의 중간 상태에 있는 물질.
① 液晶　② 濃度　③ 濕度　④ 鑛物

25. 틀어지거나 잘못된 것을 바로잡음.
① 補償　② 交替　③ 矯正　④ 普遍

※ [　]안에 들어갈 한자어로 알맞은 것은?

26. 용의자의 진술은 앞뒤 [　　]이/가 맞지 않다.
① 附錄　② 幼稚　③ 閨房　④ 脈絡

27. 겨울 가뭄으로 [　　]한 날씨가 계속되고 있다.
① 乾燥　② 敍述　③ 硬化　④ 飜案

28. 천연 비누가 인기를 끌면서 [　　]가 크게 늘었다.
① 慰勞　② 需要　③ 對照　④ 揮毫

29. 버섯은 고목의 몸통이나 가지에 [   ]하여 자란다.
① 肖像 ② 裁判 ③ 寄生 ④ 聰明

30. 소방안전교육을 실시하여 안전의식을 [   ]시켰다.
① 鼓吹 ② 添削 ③ 輪作 ④ 醉氣

주관식 (31~100번)

※ 한자의 훈(뜻)과 음(소리)을 한글로 쓰시오.

31. 迎 (   )
32. 泣 (   )
33. 頂 (   )
34. 堅 (   )
35. 執 (   )
36. 鷄 (   )
37. 閉 (   )
38. 晩 (   )
39. 乳 (   )
40. 勿 (   )

※ 훈과 음에 맞는 한자를 〈보기〉에서 찾아 쓰시오.

〈보기〉	紅 圓 罰 憶 專 錢 悟 費 源 智

41. 생각할 억 (   )
42. 깨달을 오 (   )
43. 근원 원 (   )
44. 둥글 원 (   )
45. 오로지 전 (   )
46. 지혜 지 (   )
47. 벌할 벌 (   )
48. 쓸 비 (   )
49. 붉을 홍 (   )
50. 돈 전 (   )

※ 다음 한자어의 독음을 한글로 쓰시오.

51. 悲鳴 (   )
52. 卓球 (   )
53. 茂盛 (   )
54. 淸掃 (   )
55. 非凡 (   )
56. 素朴 (   )
57. 但只 (   )
58. 監査 (   )
59. 間或 (   )
60. 警戒 (   )
61. 斷乎 (   )
62. 露店 (   )
63. 逢着 (   )
64. 破鏡 (   )
65. 群舞 (   )
66. 吟味 (   )
67. 積善 (   )

※ 〈보기〉의 뜻을 참고하여 ○ 안에 공통으로 들어갈 한자를 쓰시오.

68. (1) ○面 (2) ○色 (   )

〈보기〉	(1) 얼굴. (2) 얼굴빛.

69. (1) 重○ (2) ○德 (   )

〈보기〉	(1) 태도 따위가 정중하고 무게가 있음. (2) 덕이 후함.

70. (1) 休○ (2) 消○ (   )

〈보기〉	(1) 하던 일을 멈추고 잠깐 쉼. (2) 안부나 어떤 형세 따위를 알리거나 통지함.

※ ○ 안에 공통으로 들어갈 한자를 <보기>에서 찾아 쓰시오.

〈보기〉	從 區 層 鋼 招 隊

71. 高○ ○階 ○數 (   )
72. ○來 ○請 ○待 (   )
73. 順○ 服○ 追○ (   )

※ 문장에서 잘못 쓴 한자를 바르게 고쳐 쓰시오. (단, 음이 같은 한자로 고칠 것)

74. 그는 버스에서 할머니께 자리를 養步했다. (　　→　　)

75. '진주조개'는 고운 진주를 만들어 내기 위해 오랜 認苦의 시간을 견딘다.(　　→　　)

※ [　　] 안의 단어를 한자로 쓰시오.

76. 왕은 반란의 무리를 [**토벌**]하라는 명령을 내렸다. (　　)

77. 여행지의 추억이 담긴 [**사진**]을 인화했다. (　　)

78. 우리는 다른 사람의 [**인격**]을 존중해야 한다. (　　)

79. 상한 음식을 잘못 먹고 [**장염**]에 걸렸다. (　　)

80. 검은색과 흰색의 바둑돌을 일정한 [**규칙**]에 따라 배열하였다. (　　)

※ [　　] 안의 한자어 독음을 한글로 쓰시오.

81. 평론가는 그 작품에 대해 예리한 [批評]을 하였다. (　　)

82. 주장에 대한 [妥當]한 근거를 제시하시오. (　　)

83. 메밀을 수확한 자리에 보리를 [播種]하였다. (　　)

84. 친구들이 새 신랑의 발바닥을 때리는 [慣習]이 있다. (　　)

85. [青銅器] 시대의 것으로 추측되는 토기가 발견되었다. (　　)

86. 오랜 흉년으로 굶주린 배성을 위한 [還穀]이 실시되었다. (　　)

87. 어려운 때일수록 배려와 [寬容]의 정신을 잊지 말아야 한다. (　　)

88. 종교나 세대를 [超越]해 즐길 수 있는 문화 공연을 준비 중이다. (　　)

89. 공공장소에서는 타인에게 [被害]가 가지 않도록 주의하여야 한다. (　　)

90. 현미경은 우리 주변의 사물을 [擴大]해서 볼 수 있게 도와주는 과학 기기이다. (　　)

91. 우리 농장에서는 소, 돼지, 닭과 같은 [家畜] 들을 기르고 있다. (　　)

92. 그녀의 간절한 부탁을 [拒絕]할 수 없었다. (　　)

93. 그는 세 가지 직무를 [兼任]하고 있다. (　　)

94. [誇張]된 상업 광고가 과소비를 부추긴다는 지적이 있다. (　　)

95. 천리를 보고자 하니 [樓閣] 한 층 더 오르네. (　　)

※ 한자성어의 설명을 읽고 ○ 안에 들어갈 한자를 차례대로 쓰시오.

96. ○○思之 (　　,　　)

[**역지사지**] 처지를 바꾸어서 생각하여 봄.

97. ○者無○ (　　,　　)

[**인자무적**] 어진 사람은 남에게 덕을 베풀어 모든 사람의 사랑을 받기에 모든 사람이 사랑하므로 세상에 적이 없음.

98. ○足之○ (　　,　　)

[**조족지혈**] 새 발의 피라는 뜻으로, 매우 적은 분량을 비유적으로 이르는 말.

99. 衆口○○ (　　,　　)

[**중구난방**] 뭇사람의 말을 막기가 어렵다는 뜻으로, 막기 어려울 정도로 여럿이 마구 지껄임을 이르는 말.

100. ○合之○ (　　,　　)

[**오합지졸**] 까마귀가 모인 것처럼 질서가 없이 모인 병졸이라는 뜻으로, 임시로 모여들어서 규율이 없고 무질서한 병졸 또는 군중을 이르는 말.

- 수고하셨습니다 -

한자실력급수 자격시험 준3급 연습문제 〈5〉

객관식 (1~30번)

※ 다음 [ ]안의 한자와 음이 같은 한자는?

1. [敢] ① 坤 ② 堅 ③ 監 ④ 驗
2. [杯] ① 背 ② 部 ③ 飛 ④ 敗
3. [酉] ① 酒 ② 遺 ③ 配 ④ 汝
4. [乎] ① 也 ② 枝 ③ 夏 ④ 戶
5. [謠] ① 暮 ② 着 ③ 要 ④ 欲

※ 다음 [ ]안의 한자와 뜻이 비슷하거나 같은 한자는?

6. [皇] ① 黃 ② 帝 ③ 臣 ④ 金
7. [皮] ① 骨 ② 革 ③ 穀 ④ 服

※ 다음 [ ]안의 한자와 뜻이 상대(반대)되는 한자는?

8. [寒] ① 情 ② 冷 ③ 增 ④ 暑
9. [豊] ① 凶 ② 年 ③ 省 ④ 富

※ 다음 〈보기〉의 낱말들과 가장 관련이 깊은 한자는?

10.

〈보기〉	영화관람	쪽지	예매

① 覽 ② 暗 ③ 票 ④ 勸

11.

〈보기〉	갓	공자	인의예지

① 儒 ② 勇 ③ 將 ④ 罰

12.

〈보기〉	부인	배우자	신부

① 妙 ② 妹 ③ 如 ④ 妻

※ 다음 [ ]의 단어를 한자로 알맞게 쓴 것은?

13. 연어는 알을 낳을 때면 태어난 곳으로 [**회귀**]한다.
 ① 回貴 ② 回歸 ③ 會歸 ④ 會貴

14. 그는 컴퓨터 분야에서 타의 [**추종**]을 불허한다.
 ① 推從 ② 推宗 ③ 追從 ④ 追宗

15. 그의 [**경이**]로운 기록에 모두들 놀랐다.
 ① 驚異 ② 驚已 ③ 慶已 ④ 慶異

※ 주어진 뜻에 알맞은 한자어는?

16. 기운차게 일어나거나 대단히 번성함.
 ① 確信 ② 貪慾 ③ 隆盛 ④ 滄海

17. 건물이나 동굴, 무덤 따위의 벽에 그린 그림.
 ① 蒸散 ② 彈性 ③ 壁畫 ④ 昇華

18. 나무가 많이 우거진 숲.
 ① 哲學 ② 週末 ③ 惡臭 ④ 森林

19. 나이가 어림. 또는 수준이 낮거나 미숙함.
 ① 幼稚 ② 整理 ③ 匿名 ④ 音韻

20. 한 가문의 계통과 혈통 관계를 적어 기록한 책.
 ① 脈絡 ② 隨筆 ③ 族譜 ④ 審議

21. 법률이나 규칙을 좇아 지킴.
 ① 條約 ② 遵法 ③ 提案 ④ 裁判

22. 공연을 목적으로 하는 연극의 대본.
 ① 履歷 ② 政策 ③ 保險 ④ 戲曲

23. 기회를 틈타 큰 이익을 보려고 함. 또는 그 일.
 ① 利潤 ② 投機 ③ 株式 ④ 補償

24. 마음을 조이고 정신을 바짝 차림.
 ① 緊張 ② 辭典 ③ 屈伏 ④ 情緖

25. 더 이상의 양을 수용할 수 없이 가득 참.
 ① 重複 ② 竝列 ③ 飽和 ④ 倒置

※ [ ]안에 들어갈 한자어로 알맞은 것은?

26. 그는 수필 두 편을 써서 잡지사에 [ ]하였다.
 ① 寄生 ② 乾燥 ③ 拘束 ④ 寄稿

27. 군인들은 싸움터에서 죽을 [ ](으)로 싸웠다.
 ① 覺悟 ② 批評 ③ 憎惡 ④ 安寧

28. 물가 상승에 대해 시민들이 불만을 [ ]한다.
 ① 解夢 ② 獲得 ③ 吐露 ④ 指揮

29. 마술사는 뿌연 연기와 함께 [   ]히 사라져 버렸다.
① 潛水 ② 忽然 ③ 供給 ④ 激勵

30. 대량생산이 불가능한 그의 작품에는 [   ] 가치가 있다.
① 火賊 ② 債務 ③ 尖端 ④ 稀少

주관식 (31~100번)

※ 한자의 훈(뜻)과 음(소리)을 한글로 쓰시오.

31. 惜 (   )
32. 雖 (   )
33. 忍 (   )
34. 曾 (   )
35. 痛 (   )
36. 彼 (   )
37. 際 (   )
38. 鳴 (   )
39. 逢 (   )
40. 掃 (   )

※ 훈과 음에 맞는 한자를 〈보기〉에서 찾아 쓰시오.

〈보기〉	潔 査 舞 吹 團 栽 格 鷄 群 鏡

41. 춤출 무 (   )
42. 격식 격 (   )
43. 둥글 단 (   )
44. 조사할 사 (   )
45. 거울 경 (   )
46. 불 취 (   )
47. 닭 계 (   )
48. 깨끗할 결 (   )
49. 심을 재 (   )
50. 무리 군 (   )

※ 다음 한자어의 독음을 한글로 쓰시오.

51. 聖賢 (   )
52. 成就 (   )
53. 恒常 (   )
54. 怨望 (   )
55. 殺到 (   )
56. 志操 (   )
57. 衆智 (   )
58. 叔父 (   )
59. 打鐘 (   )
60. 國寶 (   )
61. 乘車 (   )
62. 長壽 (   )
63. 武器庫 (   )
64. 墓域 (   )
65. 招請 (   )
66. 登錄 (   )
67. 止揚 (   )

※ 〈보기〉의 뜻을 참고하여 ○ 안에 공통으로 들어갈 한자를 쓰시오.

68. (1) ○是 (2) 間○ (   )

〈보기〉	(1) 그러할 리는 없지만 만일에. (2) 어쩌다가 한 번씩.

69. (1) ○伐 (2) ○議 (   )

〈보기〉	(1) 무력으로 쳐 없앰. (2) 각자의 의견을 내놓고 검토하고 의논함.

70. (1) 規○ (2) ○度 (   )

〈보기〉	(1) 규칙이나 규정에 의하여 일정한 한도를 정하거나 정한 한도를 넘지 못하게 막음. (2) 관습이나 도덕, 법률 따위의 규범이나 사회 구조의 체계.

※ ○ 안에 공통으로 들어갈 한자를 <보기>에서 찾아 쓰시오.

〈보기〉	戰 盡 息 傷 愁 專

71. 消○ ○力 賣○ (   )
72. ○門 ○用 ○念 (   )
73. 損○ ○處 ○害 (   )

※ 문장에서 잘못 쓴 한자를 바르게 고쳐 쓰시오. (단, 음이 같은 한자로 고칠 것)

74. 그는 성공을 위해서는 手但과 방법을 가리지 않는다. (→)

75. 우리 회사의 제품이 해외 시장에서 各光을 받기 시작했다. (→)

※ [ ] 안의 단어를 한자로 쓰시오.

76. 드디어 모든 [**준비**]를 마쳤다. ( )

77. 여동생이 이젠 어엿한 [**숙녀**]가 되었다. ( )

78. 모든 국민에게는 [**납세**]의 의무가 있다. ( )

79. 남자는 [**물론**], 여자도 그 여배우를 좋아한다. ( )

80. [**우유**]를 살 때에는 반드시 유통기한을 잘 살펴보아야 한다. ( )

※ [ ] 안의 한자어 독음을 한글로 쓰시오.

81. 그는 비행기의 [缺陷]을 발견하였다. ( )

82. 지폐를 [僞造]하는 것은 명백한 불법이다. ( )

83. 이번 사건은 그와는 아무런 [關聯]이 없다. ( )

84. 4번 타자가 친 공이 커다란 [抛物線]을 그리며 담장을 넘어갔다. ( )

85. 갈수록 청소년들의 [逸脫]이 늘고 있다. ( )

86. 선생님이 호통을 치자 교실 안의 분위기는 순식간에 [冷却]되었다. ( )

87. 쓰레기를 아무 곳에나 버리면 [過怠料]를 내야 한다. ( )

88. 높은 산에 올라가면 [氣壓]이 낮아져 귀가 먹먹해진다. ( )

89. 선거 개표가 완료되자 두 당의 분위기는 선명하게 [對照]되었다. ( )

90. 일제의 [斷髮令] 강행 소식에 전국의 유림들이 거세게 반발하였다. ( )

91. 그 선수는 [肺活量]이 뛰어나서 장거리를 뛰는데 좋은 체력조건을 갖추고 있다. ( )

92. 현대시는 산문화되는 [傾向]이 있다. ( )

93. 경찰이 [混雜]한 교통상황을 수습하고 있다. ( )

94. 연말을 맞아 [弊社]에서 소정의 선물을 준비했습니다. ( )

95. 쓸 말이 없어서 [空欄]으로 남겨두었다. ( )

※ 한자성어의 설명을 읽고 ○ 안에 들어갈 한자를 차례대로 쓰시오.

96. 匹○匹○ (,)

[**필부필부**] 평범한 남녀.

97. 無○○食 (,)

[**무위도식**] 하는 일 없이 놀고먹음.

98. 吾○三○ (,)

[**오비삼척**] 내 코가 석 자라는 뜻으로, 자기 사정이 급하여 남을 돌볼 겨를이 없음을 이르는 말.

99. 因果○○ (,)

[**인과응보**] 전생에 지은 선악에 따라 현재의 행과 불행이 있고, 현세에서의 선악의 결과에 따라 내세에서 행과 불행이 있는 일.

100. ○熱○熱 (,)

[**이열치열**] 열은 열로써 다스린다는 뜻으로, 곧 열이 날 때에 땀을 낸다든지, 더위를 뜨거운 차를 마셔서 이긴다든지, 힘은 힘으로 물리친다는 따위를 이를 때에 흔히 쓰는 말.

– 수고하셨습니다 –

한자실력급수 자격시험 준3급 연습문제 〈6〉

객관식 (1~30번)

※ 다음 [ ]안의 한자와 음이 같은 한자는?

1. [繼] ① 段 ② 階 ③ 羅 ④ 皆
2. [掃] ① 消 ② 妻 ③ 職 ④ 轉
3. [柔] ① 院 ② 誰 ③ 唯 ④ 憂
4. [取] ① 移 ② 吹 ③ 暖 ④ 專
5. [採] ① 泰 ② 抱 ③ 亥 ④ 菜

※ 다음 [ ]안의 한자와 뜻이 비슷하거나 같은 한자는?

6. [哀] ① 悲 ② 忍 ③ 慈 ④ 從
7. [疲] ① 否 ② 喪 ③ 困 ④ 圓

※ 다음 [ ]안의 한자와 뜻이 상대(반대)되는 한자는?

8. [免] ① 借 ② 曾 ③ 任 ④ 儒
9. [閉] ① 文 ② 聞 ③ 問 ④ 開

※ 다음 〈보기〉의 낱말들과 가장 관련이 깊은 한자는?

10.

〈보기〉	침대	꿈	이부자리

① 看 ② 眠 ③ 眼 ④ 逢

11.

〈보기〉	막걸리	동동주	와인

① 酒 ② 汝 ③ 淺 ④ 治

12.

〈보기〉	국기	태극기	백기

① 基 ② 技 ③ 於 ④ 旗

※ 다음 [ ]의 단어를 한자로 알맞게 쓴 것은?

13. 친구의 생일 파티에 [**초대**]를 받았다.
① 招代 ② 初代 ③ 招待 ④ 初待
14. 중고 [**가구**]를 저렴한 가격에 구입했다.
① 家具 ② 街具 ③ 家救 ④ 街救
15. 왕이 [**현명**]한 신하에게 의견을 물었다.
① 現命 ② 賢命 ③ 現明 ④ 賢明

※ 주어진 뜻에 알맞은 한자어는?

16. 어떤 힘이나 조건에 굽히지 아니하고 거역하거나 버팀.
① 審議 ② 梅花 ③ 抵抗 ④ 洗劑
17. 어떤 조건에 적합한 대상을 책임지고 소개함.
① 保險 ② 未畢 ③ 附錄 ④ 推薦
18. 시문이나 답안 따위의 내용 일부를 보태거나 삭제하여 고침.
① 添削 ② 閨房 ③ 金融 ④ 陶工
19. 지식수준이 낮거나 인습에 젖은 사람을 가르쳐서 깨우침.
① 聯邦 ② 模倣 ③ 啓蒙 ④ 貿易
20. 목적을 효과적으로 이루기 위하여 단체의 행동을 통솔함.
① 奮發 ② 指揮 ③ 祠堂 ④ 寺刹
21. 사물이 처하여 있는 위치나 형편을 비유적으로 이르는 말.
① 厄運 ② 士禍 ③ 超越 ④ 座標
22. 청하는 일을 하도록 들어줌.
① 貪慾 ② 許諾 ③ 混雜 ④ 恭遜
23. 아무 말도 없이 잠잠히 있음. 또는 그런 상태.
① 疏外 ② 沒入 ③ 沈默 ④ 吐露
24. 용기나 의욕이 솟아나도록 북돋워 줌.
① 激勵 ② 瞬間 ③ 忽然 ④ 鬪爭
25. 사물의 바탕이나 중심이 되는 중요한 것.
① 縱橫 ② 根幹 ③ 踏査 ④ 還穀

※ [ ]안에 들어갈 한자어로 알맞은 것은?

26. 나쁜 일을 하면 언젠간 [ ]을/를 받는다.
① 憎惡 ② 稱讚 ③ 巧妙 ④ 懲罰
27. [ ]은/는 중소기업 육성 방안을 마련 중이다.
① 匿名 ② 缺陷 ③ 政府 ④ 螢雪
28. 그는 [ ]하여 17세에 과거에 급제하였다.
① 聰明 ② 縮尺 ③ 圖鑑 ④ 封建

29. [　　] 벽화에는 당시 사람들의 죽음에 대한 인식과 내세관이 잘 나타난다.
① 胡亂　② 古墳　③ 組織　④ 親戚

30. 습도가 높은 곳에서는 [　　]이 번식하기 쉽다.
① 山岳　② 戲弄　③ 政策　④ 細菌

주관식 (31~100번)

※ 한자의 훈(뜻)과 음(소리)을 한글로 쓰시오.

31. 脚 (　　)
32. 紅 (　　)
33. 州 (　　)
34. 蟲 (　　)
35. 我 (　　)
36. 智 (　　)
37. 烏 (　　)
38. 仁 (　　)
39. 束 (　　)
40. 壽 (　　)

※ 훈과 음에 맞는 한자를 〈보기〉에서 찾아 쓰시오.

〈보기〉	乳 犯 亦 喜 昔 凡 墓 恨 泣 隊

41. 기쁠 희 (　　)
42. 한할 한 (　　)
43. 무릇 범 (　　)
44. 범할 범 (　　)
45. 무리 대 (　　)
46. 무덤 묘 (　　)
47. 젖 유 (　　)
48. 예 석 (　　)
49. 울 읍 (　　)
50. 또 역 (　　)

※ 다음 한자어의 독음을 한글로 쓰시오.

51. 境界 (　　)
52. 寒暑 (　　)
53. 鐵板 (　　)
54. 副題 (　　)
55. 施賞 (　　)
56. 卽席 (　　)
57. 扶養 (　　)
58. 既婚 (　　)
59. 總員 (　　)
60. 吸煙 (　　)
61. 區域 (　　)
62. 綠豆 (　　)
63. 浮遊 (　　)
64. 等級 (　　)
65. 虛點 (　　)
66. 經營 (　　)
67. 童謠 (　　)

※ 〈보기〉의 뜻을 참고하여 ○ 안에 공통으로 들어갈 한자를 쓰시오.

68. (1) ○ 調　(2) ○ 約 (　　)

〈보기〉	(1) 힘을 합하여 서로 조화를 이룸. (2) 협상에 의하여 조약을 맺음. 또는 그 조약.

69. (1) 歌 ○　(2) 群 ○ (　　)

〈보기〉	(1) 노래와 춤을 아울러 이르는 말. (2) 여러 사람이 무리를 지어 춤을 춤. 또는 그 춤.

70. (1) ○ 住　(2) ○ 處 (　　)

〈보기〉	(1) 일정한 곳에 머물러 삶. 또는 그런 집. (2) 일정하게 자리를 잡고 사는 일. 또는 그 장소.

※ ○ 안에 공통으로 들어갈 한자를 <보기>에서 찾아 쓰시오.

〈보기〉	床 略 卷 團 同 儉

71. 集 ○　○ 結　○ 體 (　　)
72. ○ 素　勤 ○　○ 朴 (　　)
73. 冊 ○　病 ○　平 ○ (　　)

※ 문장에서 잘못 쓴 한자를 바르게 고쳐 쓰시오. (단, 음이 같은 한자로 고칠 것)

74. 재래시장에서 질이 좋은 物乾을 싸게 구입할 수 있었다. (→)

75. 그들은 이웃나라에 구호물자를 보내줄 것을 간곡히 要晴했다. (→)

※ [ ] 안의 단어를 한자로 쓰시오.

76. [**지구**]는 태양을 중심으로 돈다. ( )

77. [**신랑**]과 신부는 서로 맞절을 했다. ( )

78. 연회장을 찾은 귀빈들에게 [**환영**]의 인사를 했다. ( )

79. 우주 비행선이 무사히 달에 [**착륙**]하였다. ( )

80. 이 돌담길은 나의 [**추억**]이 담긴 장소이다. ( )

※ [ ] 안의 한자어 독음을 한글로 쓰시오.

81. 공장 폐수로 인해 나무들이 [枯死]하였다. ( )

82. 그는 외국어의 발음과 [抑揚]을 공부했다. ( )

83. 목숨이 [頃刻]에 달렸는데, 천만금이 무슨 소용이오. ( )

84. 학습 중에 침대를 보면 잠의 [誘惑]에 빠지기 쉽다. ( )

85. 꿈보다 [解夢]이 좋다. ( )

86. 그곳은 [潮流]가 급하지 않아 노를 젓는 데 별로 힘들지 않았다. ( )

87. 사고가 일어난 현장은 부상자들의 [絕叫]가 가득했다. ( )

88. 낙타는 [沙漠]에서 물을 마시지 않고도 2~5일 정도를 버틸 수 있다. ( )

89. 최근 바쁜 직장인들을 위해 [簡單]한 아침식사 상품이 인기를 끌고 있다. ( )

90. 아이들과 함께 쉽고 재미있게 읽을 수 있는 소설, 시, [隨筆]을 준비했다. ( )

91. 층간 [騷音] 문제의 해결은 남을 배려하는데서 시작한다. ( )

92. 악취가 [振動]하여 도저히 숨을 쉴 수 없다. ( )

93. 내 외국인 친구는 [交換]학생으로 우리나라에 왔다. ( )

94. 그는 한국의 미술에 대해 [講演]하였다. ( )

95. 내일 지구가 [滅亡]하더라도 나는 사과나무 한 그루를 심겠다. ( )

※ 한자성어의 설명을 읽고 ○ 안에 들어갈 한자를 차례대로 쓰시오.

96. 日 ○ 月 ○ (,)

[**일취월장**] 나날이 다달이 자라거나 발전함.

97. ○ 物 ○ 知 (,)

[**격물치지**] 실제 사물의 이치를 연구하여 지식을 완전하게 함.

98. 苦 ○ ○ 來 (,)

[**고진감래**] 쓴 것이 다하면 단 것이 온다는 뜻으로, 고생 끝에 즐거움이 옴을 이르는 말.

99. ○ ○ 不 及 (,)

[**과유불급**] 정도를 지나침은 미치지 못함과 같다는 뜻으로, 중용(中庸)이 중요함을 이르는 말.

100. 多 ○ 多 ○ (,)

[**다사다난**] 여러 가지 일도 많고 어려움이나 탈도 많음.

- 수고하셨습니다 -

한자실력급수 자격시험 준3급 연습문제 〈7〉

객관식 (1~30번)

※ 다음 [ ]안의 한자와 음이 같은 한자는?

1. [瓦] ① 丑 ② 臥 ③ 曾 ④ 尙
2. [又] ① 于 ② 而 ③ 於 ④ 象
3. [矣] ① 失 ② 唯 ③ 依 ④ 儒
4. [篇] ① 佛 ② 片 ③ 判 ④ 暴
5. [閑] ① 務 ② 妙 ③ 閉 ④ 恨

※ 다음 [ ]안의 한자와 뜻이 비슷하거나 같은 한자는?

6. [配] ① 庫 ② 祕 ③ 匹 ④ 納
7. [警] ① 戒 ② 副 ③ 茂 ④ 晝

※ 다음 [ ]안의 한자와 뜻이 상대(반대)되는 한자는?

8. [罰] ① 想 ② 賞 ③ 商 ④ 常
9. [實] ① 移 ② 果 ③ 危 ④ 虛

※ 다음 〈보기〉의 낱말들과 가장 관련이 깊은 한자는?

10.

〈보기〉	화폐	용돈	봉급

① 準 ② 錢 ③ 雖 ④ 際

11.

〈보기〉	축구	철각	각선미

① 脚 ② 坤 ③ 康 ④ 骨

12.

〈보기〉	당신	그대	너희

① 注 ② 浪 ③ 汝 ④ 淺

※ 다음 [ ]의 단어를 한자로 알맞게 쓴 것은?

13. [**기존**]의 낡은 시설을 모두 교체하였다.
① 旣尊 ② 旣存 ③ 幾存 ④ 幾尊
14. 우리는 아주 [**막역**]한 사이이다.
① 莫易 ② 莫域 ③ 莫亦 ④ 莫逆
15. 검찰은 이번 사건의 [**배후**]를 추적하고 있다.
① 背後 ② 杯後 ③ 杯候 ④ 背候

※ 주어진 뜻에 알맞은 한자어는?

16. 역대 왕과 왕비의 위패를 모시던 사당.
① 稀少 ② 宗廟 ③ 投機 ④ 幼稚
17. 말이나 행동이 겸손하고 예의 바름.
① 隆盛 ② 僞造 ③ 關聯 ④ 恭遜
18. 깊이 파고 들거나 빠짐.
① 供給 ② 沒入 ③ 對照 ④ 矯正
19. 어떤 일을 이루기 위하여 서로 의논하고 절충함.
① 交涉 ② 交替 ③ 交換 ④ 概念
20. 술에 취하여 얼근하여진 기운.
① 絶叫 ② 滅亡 ③ 醉氣 ④ 憎惡
21. 원작의 내용이나 줄거리는 그대로 두고 풍속, 인명, 지명 따위를 시대나 풍토에 맞게 바꾸어 고침.
① 飜案 ② 啓蒙 ③ 起訴 ④ 寄稿
22. 어떤 사실의 앞뒤, 또는 두 사실이 이치상 어긋나서 서로 맞지 않음을 이르는 말.
① 指揮 ② 抵抗 ③ 倒置 ④ 矛盾
23. 지금까지 거쳐 온 학업, 직업, 경험 등의 내력.
① 寄生 ② 履歷 ③ 微分 ④ 稱讚
24. 도시의 주변 지역.
① 潮流 ② 保險 ③ 郊外 ④ 根據
25. 마음과 힘을 다하여 떨쳐 일어남.
① 奮發 ② 役割 ③ 座標 ④ 右翼

※ [ ]안에 들어갈 한자어로 알맞은 것은?

26. 약속을 지키지 않으면 [ ]를 잃는다.
① 比較 ② 情緖 ③ 信賴 ④ 潛水
27. 그는 교육사업과 대학 건설 및 발전에 [ ]하였다.
① 政府 ② 貢獻 ③ 拘束 ④ 拒絶
28. 답안 작성 시 유의할 [ ]에 대해 설명하도록 하겠습니다.
① 寬容 ② 輿論 ③ 古墳 ④ 事項

29. 은행에서 대출을 받기 위해서는 [ ]이/가 필요하다.
① 擔保 ② 距離 ③ 圖鑑 ④ 忽然

30. 그녀는 교통사고를 당해 [ ] 상태에 빠지고 말았다.
① 胡亂 ② 規範 ③ 零下 ④ 腦死

주관식 (31~100번)

※ 한자의 훈(뜻)과 음(소리)을 한글로 쓰시오.

31. 穀 ( )
32. 暑 ( )
33. 斷 ( )
34. 牧 ( )
35. 但 ( )
36. 扶 ( )
37. 投 ( )
38. 敢 ( )
39. 境 ( )
40. 費 ( )

※ 훈과 음에 맞는 한자를 〈보기〉에서 찾아 쓰시오.

〈보기〉	卽 秀 巖 惜 貞 素 勸 誰 何 尤

41. 바위 암 ( )
42. 흴 소 ( )
43. 아낄 석 ( )
44. 누구 수 ( )
45. 더욱 우 ( )
46. 곧 즉 ( )
47. 곧을 정 ( )
48. 어찌 하 ( )
49. 빼어날 수 ( )
50. 권할 권 ( )

※ 다음 한자어의 독음을 한글로 쓰시오.

51. 野菜 ( )
52. 妻弟 ( )
53. 黃泉 ( )
54. 貧困 ( )
55. 必須 ( )
56. 推仰 ( )
57. 歸家 ( )
58. 休眠 ( )
59. 錄音 ( )
60. 暴露 ( )
61. 監査 ( )
62. 精誠 ( )
63. 倍加 ( )
64. 賀禮 ( )
65. 感泣 ( )
66. 堅持 ( )
67. 繼續 ( )

※ 〈보기〉의 뜻을 참고하여 ○ 안에 공통으로 들어갈 한자를 쓰시오.

68. (1) 祝 ○ (2) ○ 命 ( )

〈보기〉	(1) 오래 살기를 빎. (2) 생물이 살아 있는 연한.

69. (1) ○ 新 (2) 改 ○ ( )

〈보기〉	(1) 묵은 풍속, 관습, 조직, 방법 따위를 완전히 바꾸어서 새롭게 함. (2) 제도나 기구 따위를 새롭게 뜯어고침.

70. (1) ○ 責 (2) 就 ○ ( )

〈보기〉	(1) 직무상의 책임. (2) 일정한 직업을 잡아 직장에 나감.

※ ○ 안에 공통으로 들어갈 한자를 <보기>에서 찾아 쓰시오.

〈보기〉	任 設 喜 展 盡 費

71. 建 ○ ○ 計 施 ○ ( )
72. 消 ○ 極 ○ 未 ○ ( )
73. ○ 期 ○ 用 退 ○ ( )

※ 문장에서 잘못 쓴 한자를 바르게 고쳐 쓰시오. (단, 음이 같은 한자로 고칠 것)

74. 쥐도 宮地에 몰리면 고양이를 문다. (→)

75. 현재 나라 안팎으로 매우 불리한 形國이다. (→)

※ [ ] 안의 단어를 한자로 쓰시오.

76. 물은 이제 더 이상 [**풍족**]한 자원이 아니다. ( )

77. 인기가 높은 경기가 열리는 날에는 경기장 주변에 [**암표**]가 기승을 부린다. ( )

78. 선사시대의 인간들은 주로 강가에 [**군락**]을 이루고 생활했다. ( )

79. 그 노인은 [**상주**]를 위로하고는 밖으로 나갔다. ( )

80. 살면서 가장 [**통쾌**]했던 순간이 언제입니까? ( )

※ [ ] 안의 한자어 독음을 한글로 쓰시오.

81. 문제의 표면을 보아야 할 뿐만 아니라 [裏面]도 보아야 한다. ( )

82. 비행기의 갑작스러운 [旋回]로 서 있던 승객들이 넘어졌다. ( )

83. [卑俗語]는 억압된 감정을 배출하는 효과도 있다. ( )

84. 모든 것이 우리에게 유리한 [狀況]이다. ( )

85. [避雷針]은 전기의 성질을 이용한 발명품이다. ( )

86. 직원들은 체불된 [賃金]을 요구하며 시위하였다. ( )

87. [輪作]은 토지를 효율적으로 이용하기 위한 농사 방법이다. ( )

88. 범인들은 은행 보안상의 [盲點]을 이용하여 범행을 감행했다. ( )

89. 최근 무분별한 개발로 인해 이 지역 [環境]이 많이 파괴되었다. ( )

90. 우리나라의 건국이념은 [弘益人間]이다. ( )

91. 글을 쓸 때는 단어의 불필요한 [重複]을 피해야 한다. ( )

92. 확실한 증인과 여러 증거들 덕분에 [裁判]에서 이길 수 있었다. ( )

93. 여름철 피부보호 예방에는 [紫外線] 차단이 가장 중요하다. ( )

94. 바둑판은 [縱橫]으로 각각 19줄이다. ( )

95. 아이를 낳은 지 한 달이 지나기 전에 [戶籍]에 올려야 한다. ( )

※ 한자성어의 설명을 읽고 ○ 안에 들어갈 한자를 차례대로 쓰시오.

96. 富貴○○ (,)

[**부귀영화**] 재산이 많고 지위가 높으며 귀하게 되어서 세상에 드러나 온갖 영광을 누림.

97. ○○有骨 (,)

[**계란유골**] 달걀에도 뼈가 있다는 뜻으로, 운수가 나쁜 사람은 모처럼 좋은 기회를 만나도 역시 일이 잘 안됨을 이르는 말.

98. 近○者○ (,)

[**근묵자흑**] 먹을 가까이하는 사람은 검어진다는 뜻으로, 나쁜 사람과 가까이 지내면 나쁜 버릇에 물들기 쉬움을 비유적으로 이르는 말.

99. ○天○地 (,)

[**경천동지**] 하늘을 놀라게 하고 땅을 뒤흔든다는 뜻으로, 세상을 몹시 놀라게 함을 비유적으로 이르는 말.

100. 犬馬○○ (,)

[**견마지로**] 개나 말 정도의 하찮은 힘이라는 뜻으로, 윗사람에게 충성을 다하는 자신의 노력을 낮추어 이르는 말.

- 수고하셨습니다 -

한자실력급수 자격시험 준3급 연습문제 〈8〉

객관식 (1~30번)

※ 다음 [ ]안의 한자와 음이 같은 한자는?

1. [敢] ① 禁 ② 聽 ③ 職 ④ 減
2. [昌] ① 伐 ② 創 ③ 舌 ④ 卓
3. [宇] ① 朋 ② 又 ③ 泉 ④ 妻
4. [戶] ① 也 ② 夏 ③ 乎 ④ 於
5. [幼] ① 由 ② 牧 ③ 我 ④ 仁

※ 다음 [ ]안의 한자와 뜻이 비슷하거나 같은 한자는?

6. [術] ① 皆 ② 從 ③ 假 ④ 藝
7. [羅] ① 復 ② 去 ③ 列 ④ 包

※ 다음 [ ]안의 한자와 뜻이 상대(반대)되는 한자는?

8. [伏] ① 起 ② 類 ③ 件 ④ 健
9. [送] ① 追 ② 遊 ③ 遺 ④ 迎

※ 다음 〈보기〉의 낱말들과 가장 관련이 깊은 한자는?

10.

〈보기〉	여름	찜질방	땀

① 施 ② 暑 ③ 雖 ④ 犯

11.

〈보기〉	훌라후프	굴렁쇠	바퀴

① 鳴 ② 但 ③ 圓 ④ 泣

12.

〈보기〉	시금치	미나리	고사리

① 菜 ② 紅 ③ 引 ④ 切

※ 다음 [ ]의 단어를 한자로 알맞게 쓴 것은?

13. 아버지께서는 조그만 회사를 [**경영**]하신다.
① 境英 ② 經英 ③ 境營 ④ 經營
14. 조선시대의 [**장정**]들은 부역의 의무를 졌다.
① 腸丁 ② 壯丁 ③ 壯政 ④ 腸政
15. [**화단**]에 함부로 들어가지 마시오.
① 貨壇 ② 花單 ③ 花壇 ④ 貨單

※ 주어진 뜻에 알맞은 한자어는?

16. 주된 사물이나 기관에 딸려서 붙음. 또는 그렇게 딸려 붙은 사물.
① 整理 ② 證券 ③ 附屬 ④ 滄海
17. 힘으로 으르고 협박함.
① 威脅 ② 三綱 ③ 所謂 ④ 昇華
18. 붓을 휘두른다는 뜻으로, 글씨를 쓰거나 그림을 그리는 것을 이르는 말.
① 惡臭 ② 緩和 ③ 慰勞 ④ 揮毫
19. 어떠한 한계나 표준을 뛰어넘음.
① 超越 ② 聰明 ③ 株式 ④ 偏見
20. 큰아버지.
① 脈絡 ② 伯父 ③ 需要 ④ 比較
21. 비석에 새긴 글자.
① 根幹 ② 講演 ③ 碑銘 ④ 激勵
22. 안이나 의견으로 내놓음. 또는 그 안이나 의견.
① 覺悟 ② 提案 ③ 鈍角 ④ 模倣
23. 태도나 마음씨가 동정심 없이 차가움.
① 沒入 ② 盲點 ③ 缺陷 ④ 冷淡
24. 약물의 반복 복용에 의해 약효가 저하하는 현상.
① 耐性 ② 寡占 ③ 鼓吹 ④ 寄生
25. 군사적으로 중요한 곳에 튼튼하게 만들어 놓은 방어 시설. 또는 그런 시설을 한 곳.
① 福祉 ② 寺刹 ③ 要塞 ④ 石塔

※ [ ]안에 들어갈 한자어로 알맞은 것은?

26. 화산쇄설물은 [ ]을 비옥하게 만든다.
① 螢雪 ② 哲學 ③ 誘惑 ④ 土壤
27. 이 도자기는 [ ]하기 때문에 값이 꽤 나갈 것으로 예상됩니다.
① 音韻 ② 稀少 ③ 細菌 ④ 緯度
28. 오랜 고민 끝에 혁신에 대한 비전과 [ ]이 섰다.
① 殘忍 ② 鎔巖 ③ 確信 ④ 山岳

29. 경전(經典)은 사람 [　　]의 가장 깊은 곳까지 미치고, 궁극적으로 문장의 근본이다.
① 靈魂 ② 竝列 ③ 微分 ④ 享有

30. 인터넷 [　　]의 발달로 종이 신문의 기능이 약화되었다.
① 抑揚 ② 宣布 ③ 媒體 ④ 未畢

주관식 (31~100번)

※ 한자의 훈(뜻)과 음(소리)을 한글로 쓰시오.

31. 域 (　　)
32. 段 (　　)
33. 借 (　　)
34. 淺 (　　)
35. 戊 (　　)
36. 炭 (　　)
37. 豆 (　　)
38. 器 (　　)
39. 幾 (　　)
40. 忙 (　　)

※ 훈과 음에 맞는 한자를 〈보기〉에서 찾아 쓰시오.

〈보기〉	云 露 驗 麥 錄 悅 諸 暮 轉 豐

41. 보리 맥 (　　)
42. 모든 제 (　　)
43. 풍년 풍 (　　)
44. 이슬 로 (　　)
45. 기록할 록 (　　)
46. 저물 모 (　　)
47. 이를 운 (　　)
48. 구를 전 (　　)
49. 시험 험 (　　)
50. 기쁠 열 (　　)

※ 다음 한자어의 독음을 한글로 쓰시오.

51. 祕密 (　　)
52. 降服 (　　)
53. 檢印 (　　)
54. 極甚 (　　)
55. 窮狀 (　　)
56. 寶庫 (　　)
57. 給與 (　　)
58. 鋼鐵 (　　)
59. 監視 (　　)
60. 虛脫 (　　)
61. 警察 (　　)
62. 戒律 (　　)
63. 記憶 (　　)
64. 或是 (　　)
65. 乾坤 (　　)
66. 虎皮 (　　)
67. 橋脚 (　　)

※ 〈보기〉의 뜻을 참고하여 ○ 안에 공통으로 들어갈 한자를 쓰시오.

68. (1) ○悲 (2) ○消息 (　　)

〈보기〉	(1) 기쁨과 슬픔을 아울러 이르는 말. (2) 기쁜 소식.

69. (1) ○星 (2) ○久 (　　)

〈보기〉	(1) 천구 위에서 서로의 상대 위치를 바꾸지 아니하고 별자리를 구성하는 별. (2) 변하지 아니하고 오래감.

70. (1) ○權 (2) ○念 (　　)

〈보기〉	(1) 권세나 정권을 잡음. (2) 한 가지 일에 매달려 마음을 쏟음. 또는 그 마음이나 생각.

※ ○ 안에 공통으로 들어갈 한자를 <보기>에서 찾아 쓰시오.

〈보기〉	厚 難 混 破 素 頂

71. 絕○ ○上 ○點 (　　)
72. ○局 ○産 ○損 (　　)
73. ○血 ○同 ○合 (　　)

※ 문장에서 잘못 쓴 한자를 바르게 고쳐 쓰시오. (단, 음이 같은 한자로 고칠 것)

74. 계속해서 發寫되는 대포들의 포성이 우레와 같았다. (→)

75. 그들이 탄 배가 여행 도중 風郞을 만나 난파되었다. (→)

※ [ ] 안의 단어를 한자로 쓰시오.

76. 약을 복용 후에 [**부작용**]이 생기면, 즉시 병원에 방문해주시기 바랍니다. ( )

77. [**투표**]는 민주주의의 꽃이다. ( )

78. 연일 계속되는 [**폭염**]으로 위험물 안전관리가 강화되었다. ( )

79. 도시 미관을 해치는 [**간판**]의 재정비 사업이 진행되었다. ( )

80. 수술 후 2주일 동안은 [**흡연**]을 삼가야한다. ( )

※ [ ] 안의 한자어 독음을 한글로 쓰시오.

81. 만 원짜리 지폐에는 세종대왕의 [肖像]이 그려져 있다. ( )

82. 그는 일본으로 잡혀간 [陶工]들을 보호하였다. ( )

83. 사람들은 대중교통을 더 좋아하는 [傾向]이 있다. ( )

84. 윤리적 [慣習]에 의한 온정은 사회운영의 주요한 덕목이다. ( )

85. 이상과 현실 사이에는 [距離]가 있기 마련이다. ( )

86. 19세기 후반 서구 열강들은 조선에 [開港]을 요구하였다. ( )

87. 그 나라에서는 다양한 [鑛物]이 채굴된다. ( )

88. 그는 허위 사실 유포로 경찰에 [拘束]되었다. ( )

89. 글을 쓰려면 [規範]적인 것을 추구하면서도 독창성을 추구하여야 한다. ( )

90. 미국, 영국, 스위스 등은 대표적인 [聯邦]제 국가이다. ( )

91. [閨房] 공예를 배우는 과정에서 오늘은 골무를 만들었다. ( )

92. 비나 눈이 오면 [徐行]하는 것이 바람직하다. ( )

93. 서양식 건물이 [普遍]화되면서 전통 한옥을 찾아보기가 점점 어려워졌다. ( )

94. 각종 관세의 폐지로 [貿易]이 활성화되었다. ( )

95. 겨울철 등산하는 것은 [凍死]의 위험이 있다. ( )

※ 한자성어의 설명을 읽고 ○ 안에 들어갈 한자를 차례대로 쓰시오.

96. 金○玉○ (,)

[**금지옥엽**] 금으로 된 가지와 옥으로 된 잎이라는 뜻으로, 귀한 자손을 이르는 말.

97. ○馬之○ (,)

[**노마지지**] 늙은 말의 지혜라는 뜻으로, 연륜이 깊으면 나름의 장점과 특기가 있음을 이르는 말.

98. ○金之○ (,)

[**단금지교**] 쇠라도 자를 만큼 강한 교분이라는 뜻으로, 매우 두터운 우정을 이르는 말.

99. ○病長○ (,)

[**무병장수**] 병 없이 건강하게 오래 삶.

100. ○○遠之 (,)

[**경이원지**] 겉으로는 공경하는 체하면서 실제로는 꺼리어 멀리함.

– 수고하셨습니다 –

한자실력급수 자격시험 준3급 연습문제 〈9〉

객관식 (1~30번)

※ 다음 [ ]안의 한자와 음이 같은 한자는?

1. [宇] ① 憂 ② 云 ③ 吟 ④ 帝
2. [段] ① 頂 ② 謠 ③ 但 ④ 虎
3. [驚] ① 局 ② 莫 ③ 舞 ④ 鏡
4. [臥] ① 配 ② 損 ③ 瓦 ④ 施
5. [鐘] ① 導 ② 宗 ③ 洞 ④ 束

※ 다음 [ ]안의 한자와 뜻이 비슷하거나 같은 한자는?

6. [恨] ① 悟 ② 忍 ③ 怨 ④ 憶
7. [潔] ① 淨 ② 渴 ③ 汝 ④ 閑

※ 다음 [ ]안의 한자와 뜻이 상대(반대)되는 한자는?

8. [閑] ① 亡 ② 忙 ③ 望 ④ 集
9. [動] ① 敢 ② 源 ③ 警 ④ 靜

※ 다음 〈보기〉의 낱말들과 가장 관련이 깊은 한자는?

10.

〈보기〉	어머니	모유	아기

① 誰 ② 乳 ③ 象 ④ 飛

11.

〈보기〉	총	활	사냥꾼

① 移 ② 須 ③ 射 ④ 賢

12.

〈보기〉	백과사전	소설	시집

① 卷 ② 尙 ③ 犯 ④ 余

※ 다음 [ ]의 단어를 한자로 알맞게 쓴 것은?

13. 공든 탑이 [**허무**]하게 무너졌다.
① 許無 ② 許戊 ③ 虛戊 ④ 虛無

14. 우리는 인원 [**점검**]이 끝나자 곧바로 출발했다.
① 點檢 ② 店檢 ③ 店儉 ④ 點儉

15. 그는 이번 대회의 우승을 [**장담**]하였다.
① 長談 ② 壯談 ③ 將談 ④ 章談

※ 주어진 뜻에 알맞은 한자어는?

16. 목적을 효과적으로 이루기 위하여 단체의 행동을 통솔함.
① 親戚 ② 播種 ③ 禽獸 ④ 指揮

17. 어떤 대상을 이기거나 극복하기 위한 싸움.
① 鬪爭 ② 鬼神 ③ 鈍角 ④ 白眉

18. 신문, 잡지 따위에 싣기 위하여 원고를 써서 보냄. 또는 그 원고.
① 洗劑 ② 寄稿 ③ 衝突 ④ 需要

19. 사실보다 지나치게 불려서 나타냄.
① 誇張 ② 壁畫 ③ 供給 ④ 森林

20. 사물 따위가 서로 이어져 있는 관계나 연관.
① 同盟 ② 遵法 ③ 脈絡 ④ 零下

21. 아주 짧은 동안.
① 僞造 ② 兼任 ③ 宣布 ④ 瞬間

22. 매우 조심스러움.
① 慣習 ② 愼重 ③ 媒體 ④ 機構

23. 인정이 없고 아주 모짊.
① 擔保 ② 矯正 ③ 殘忍 ④ 威脅

24. 어떤 무리에서 기피하여 따돌리거나 멀리함.
① 疏外 ② 安寧 ③ 相互 ④ 名譽

25. 꾀어서 정신을 혼미하게 하거나 좋지 아니한 길로 이끎.
① 交換 ② 規範 ③ 拘束 ④ 誘惑

※ [ ]안에 들어갈 한자어로 알맞은 것은?

26. 시험에 떨어진 동생을 [ ]해 주었다.
① 縱橫 ② 慰勞 ③ 聰明 ④ 豫算

27. 우리 모임은 사진 촬영을 [ ](으)로 삼는 사람들로 구성되어 있다.
① 徐行 ② 交替 ③ 趣味 ④ 祿俸

28. 부모님은 너무 가난해서 찬물 한 그릇 떠 놓고 [ ]을 밝히셨습니다.
① 華燭 ② 補償 ③ 檀君 ④ 寡占

29. 노동자들은 요구 사항의 [ ]을 위해 장외 집회를 열었다.
① 未畢 ② 貫徹 ③ 綿織 ④ 沈默

30. 광장으로 많은 사람들이 모여 그 일대는 극심한 [ ]을 빚었다.
① 螢雪 ② 空欄 ③ 超越 ④ 混雜

주관식 (31~100번)

※ 한자의 훈(뜻)과 음(소리)을 한글로 쓰시오.

31. 烏 ( )
32. 歡 ( )
33. 柳 ( )
34. 泣 ( )
35. 暑 ( )
36. 顔 ( )
37. 叔 ( )
38. 層 ( )
39. 乘 ( )
40. 逢 ( )

※ 훈과 음에 맞는 한자를 〈보기〉에서 찾아 쓰시오.

〈보기〉	歸 眠 晩 暮 旣 惜 班 幾 副 盡

41. 저물 모 ( )
42. 아낄 석 ( )
43. 몇 기 ( )
44. 잠잘 면 ( )
45. 나눌 반 ( )
46. 다할 진 ( )
47. 돌아갈 귀 ( )
48. 버금 부 ( )
49. 늦을 만 ( )
50. 이미 기 ( )

※ 다음 한자어의 독음을 한글로 쓰시오.

51. 朱紅 ( )
52. 會社 ( )
53. 掃除 ( )
54. 納涼 ( )
55. 幼兒 ( )
56. 酒量 ( )
57. 絶斷 ( )
58. 溫泉 ( )
59. 志操 ( )
60. 慈悲 ( )
61. 平凡 ( )
62. 病院 ( )
63. 殺到 ( )
64. 打破 ( )
65. 吸收 ( )
66. 皮骨 ( )
67. 便覽 ( )

※ 〈보기〉의 뜻을 참고하여 ○ 안에 공통으로 들어갈 한자를 쓰시오.

68. (1) 貧 ○ (2) ○ 理 ( )

〈보기〉	(1) 가난하고 궁색함. (2) 마음속으로 이리저리 따져 깊이 생각함. 또는 그런 생각.

69. (1) ○ 心 (2) 鄕 ○ ( )

〈보기〉	(1) 매우 근심함. 또는 그런 마음. (2) 고향을 그리워하는 마음이나 시름.

70. (1) ○ 請 (2) ○ 待 ( )

〈보기〉	(1) 사람을 청하여 부름. (2) 어떤 모임에 참가해 줄 것을 청함.

※ ○ 안에 공통으로 들어갈 한자를 <보기>에서 찾아 쓰시오.

〈보기〉	略 杯 素 壇 精 息

71. 乾 ○ 苦 ○ 祝 ○ ( )
72. 休 ○ 消 ○ 子 ○ ( )
73. ○ 圖 ○ 字 省 ○ ( )

※ 문장에서 잘못 쓴 한자를 바르게 고쳐 쓰시오. (단, 음이 같은 한자로 고칠 것)

74. 太極期가 바람에 펄럭입니다.
(→)

75. 그들은 지위의 고하를 막론하고 모두 處伐하였다. (→)

※ [ ] 안의 단어를 한자로 쓰시오.

76. 차가 도로 [**중앙**]에 멈춰있다. ( )

77. 우리 [**지역**]의 특산물은 귤입니다.
( )

78. 시장할 텐데 [**우선**] 미숫가루라도 한 잔 타 드릴까요? ( )

79. 그 국회의원은 잘못된 발언으로 [**물의**]를 빚었다. ( )

80. 경기 내내 뒤져 있던 우리 팀은 가까스로 [**역전**]에 성공했다. ( )

※ [ ] 안의 한자어 독음을 한글로 쓰시오.

81. 그녀는 학생들에게 [稱讚]을 아끼지 않았다.
( )

82. 찬성과 반대에 대해 [妥當]한 이유를 밝히시오. ( )

83. 학생들은 시험 준비에 대한 고충을 [吐露]했다. ( )

84. 우리나라에는 역사가 깊은 [寺刹]들이 많다.
( )

85. 그는 [週末]마다 도서관에 가서 공부를 한다.
( )

86. 다양한 상품 개발은 고객에게 [選擇]의 폭을 넓혀 준다. ( )

87. 이번에 선출된 [委員]은 젊고 패기가 넘친다.
( )

88. 우리 팀은 [巧妙]한 작전으로 상대 팀 공격을 무력화시켰다. ( )

89. 그는 기업에 대한 규제의 [緩和]가 시급하다고 주장하였다. ( )

90. 지나친 것은 오히려 미치지 못함 것과 같으니 항상 [中庸]의 자세를 지켜야한다.( )

91. 사랑과 [憎惡]는 종이 한 장 차이이다.
( )

92. 정부는 난민을 위한 새로운 [福祉]정책을 내놓았다. ( )

93. 이번에 뽑은 경력 사원들은 [履歷]이 화려하다. ( )

94. 문제집 뒤에 주요 단어 목록이 [附錄]으로 실려 있다. ( )

95. 극의 빠른 전개는 읽는 내내 지루하지 않고 쉽게 [沒入]하게 만들었다. ( )

※ 한자성어의 설명을 읽고 ○ 안에 들어갈 한자를 차례대로 쓰시오.

96. ○○忘德 (,)

> [**배은망덕**] 남에게 입은 은덕을 저버리고 배신하는 태도가 있음.

97. ○生之○ (,)

> [**미생지신**] 우직하여 융통성이 없이 약속만을 굳게 지킴을 비유적으로 이르는 말.

98. ○田○水 (,)

> [**아전인수**] 자기 논에 물 대기라는 뜻으로, 자기에게만 이롭게 되도록 생각하거나 행동함을 이르는 말.

99. 進退○○ (,)

> [**진퇴양난**] 이러지도 저러지도 못하는 어려운 처지.

100. ○日○日 (,)

> [**차일피일**] 이날 저 날 하고 자꾸 기한을 미루는 모양.

- 수고하셨습니다 -

한자실력급수 자격시험 준3급 연습문제 〈10〉

객관식 (1~30번)

※ 다음 [ ]안의 한자와 음이 같은 한자는?

1. [遊] ① 規 ② 儒 ③ 潔 ④ 雨
2. [癸] ① 略 ② 居 ③ 留 ④ 階
3. [創] ① 勤 ② 昌 ③ 免 ④ 思
4. [余] ① 須 ② 我 ③ 汝 ④ 勿
5. [際] ① 帝 ② 猶 ③ 吾 ④ 煙

※ 다음 [ ]안의 한자와 뜻이 비슷하거나 같은 한자는?

6. [愛] ① 群 ② 級 ③ 慈 ④ 納
7. [喜] ① 憶 ② 恒 ③ 悟 ④ 悅

※ 다음 [ ]안의 한자와 뜻이 상대(반대)되는 한자는?

8. [呼] ① 鳴 ② 吸 ③ 候 ④ 戊
9. [幼] ① 長 ② 弟 ③ 男 ④ 兒

※ 다음 〈보기〉의 낱말들과 가장 관련이 깊은 한자는?

10.

〈보기〉	다이아몬드	진주	황금

① 罰 ② 扶 ③ 寶 ④ 射

11.

〈보기〉	양	젖	초원

① 牧 ② 哉 ③ 甚 ④ 孤

12.

〈보기〉	주스	물	두유

① 皇 ② 祕 ③ 郎 ④ 杯

※ 다음 [ ]의 단어를 한자로 알맞게 쓴 것은?

13. [**차용**]한 금액을 전부 상환하였다.
① 借勇 ② 借用 ③ 且用 ④ 且勇
14. 그는 다리가 부러지는 [**중상**]을 입었다.
① 重喪 ② 衆喪 ③ 衆傷 ④ 重傷
15. 사업을 [**추진**]하는 데 최대의 난제는 돈이다.
① 追進 ② 追盡 ③ 推進 ④ 推盡

※ 주어진 뜻에 알맞은 한자어는?

16. 물건이나 몸의 조직 따위가 단단하게 굳어짐.
① 肖像 ② 硬化 ③ 豫算 ④ 肯定
17. 세로와 가로를 아울러 이르는 말.
① 縱橫 ② 濃度 ③ 來賓 ④ 綿織
18. 마음과 힘을 다하여 떨쳐 일어남.
① 名詞 ② 微分 ③ 未畢 ④ 奮發
19. 남아 있는 자취. 건축물이나 싸움터 또는 역사적인 사건이 벌어졌던 곳.
① 保險 ② 遺蹟 ③ 祠堂 ④ 石筍
20. 서로 맞부딪치거나 맞섬.
① 貫徹 ② 簡單 ③ 衝突 ④ 樓閣
21. 맞서 싸움.
① 抗爭 ② 隆盛 ③ 枯死 ④ 老翁
22. 액을 당할 운수.
① 距離 ② 厄運 ③ 三綱 ④ 舞影
23. 국가 간의 권리와 의무를 국가 간의 합의에 따라 법적 구속을 받도록 규정하는 행위.
① 優劣 ② 所謂 ③ 需要 ④ 條約
24. 어떠한 한계나 표준을 뛰어넘음.
① 耐性 ② 對照 ③ 超越 ④ 頃刻
25. 주된 사물이나 기관에 딸려서 붙음. 또는 그렇게 딸려 붙은 사물.
① 附屬 ② 猛獸 ③ 反映 ④ 封建

※ [ ]안에 들어갈 한자어로 알맞은 것은?

26. 우리는 방학 때 강화도를 [ ]할 계획이다.
① 比較 ② 踏査 ③ 宣布 ④ 士禍
27. 곤충 200여 가지를 수록한 [ ]을 발간하였다.
① 圖鑑 ② 稱讚 ③ 遵法 ④ 地獄
28. 강대국 두 나라가 [ ]을 맺으면서 주변국들에게 위협이 되고 있다.
① 偏見 ② 含蓄 ③ 解夢 ④ 同盟

29. 그 동굴의 입구에는 화려한 [   ]가 그려져 있다.

① 緩和 ② 壁畫 ③ 暫時 ④ 絶叫

30. 관리들은 나라에서 [   ]을 받아 생활을 하였다.

① 瞬間 ② 愼重 ③ 祿俸 ④ 戲弄

주관식 (31~100번)

※ 한자의 훈(뜻)과 음(소리)을 한글로 쓰시오.

31. 勉 (   )
32. 揚 (   )
33. 於 (   )
34. 積 (   )
35. 昔 (   )
36. 革 (   )
37. 殺 (   )
38. 尺 (   )
39. 紅 (   )
40. 總 (   )

※ 훈과 음에 맞는 한자를 〈보기〉에서 찾아 쓰시오.

〈보기〉	設 崇 檢 仰 營 損 曾 鋼 只 央

41. 덜 손 (   )
42. 우러를 앙 (   )
43. 강철 강 (   )
44. 가운데 앙 (   )
45. 검사할 검 (   )
46. 다만 지 (   )
47. 베풀 설 (   )
48. 일찍 증 (   )
49. 경영할 영 (   )
50. 높을 숭 (   )

※ 다음 한자어의 독음을 한글로 쓰시오.

51. 植栽 (   )
52. 怨恨 (   )
53. 枝葉 (   )
54. 段落 (   )
55. 配匹 (   )
56. 瓦解 (   )
57. 成就 (   )
58. 討議 (   )
59. 疲困 (   )
60. 省墓 (   )
61. 繼承 (   )
62. 執着 (   )
63. 旗手 (   )
64. 此後 (   )
65. 準決勝 (   )
66. 退職 (   )
67. 淸涼 (   )

※ 〈보기〉의 뜻을 참고하여 ○ 안에 공통으로 들어갈 한자를 쓰시오.

68. (1) ○ 舞 (2) ○ 曲 (   )

〈보기〉	(1) 노래와 춤을 아울러 이르는 말. (2) 노래를 위한 곡조.

69. (1) 移 ○ (2) ○ 學 (   )

〈보기〉	(1) 장소나 주소 따위를 다른 데로 옮김. (2) 다니던 학교에서 다른 학교로 학적을 옮겨 가서 배움.

70. (1) 風 ○ (2) 流 ○ (   )

〈보기〉	(1) 바람과 물결을 아울러 이르는 말. (2) 일정한 거처가 없이 떠돌아다님.

※ ○ 안에 공통으로 들어갈 한자를 <보기>에서 찾아 쓰시오.

〈보기〉	閉 犯 伏 暮 物 賢

71. 降 ○ ○ 線 ○ 兵 (   )
72. 聖 ○ ○ 明 ○ 答 (   )
73. 開 ○ ○ 場 ○ 業 (   )

※ **문장에서 잘못 쓴 한자를 바르게 고쳐 쓰시오. (단, 음이 같은 한자로 고칠 것)**

74. 그는 남다른 布容力을 지니고 있다. (→)

75. 오랜만에 統快하게 웃었다. (→)

※ **[ ] 안의 단어를 한자로 쓰시오.**

76. [**화단**]에 예쁜 꽃이 피었다. ( )

77. 논문이란 단순한 지식의 [**나열**]이 아니다. ( )

78. 경호원들은 [**경계**]를 늦추지 않았다. ( )

79. 들판에는 [**곡식**]들이 무르익고 있었다. ( )

80. 집안의 [**가구**]들을 모두 흰색으로 통일했다. ( )

※ **[ ] 안의 한자어 독음을 한글로 쓰시오.**

81. 나에 대해 그들의 시선은 [冷淡]하기만 하였다. ( )

82. 그 배우는 [臺本]에만 충실하기보다는 즉흥적 연기를 통해 개성을 표현한다. ( )

83. 선생님께서 내어 주신 과제를 [整理]했다. ( )

84. 그 배우는 사장님 [役割]이 잘 어울린다. ( )

85. 삼국지연의의 [白眉]는 '적벽대전'이라 할 수 있다. ( )

86. 그는 차별에 맞서 평생 열정적으로 사회를 신랄하게 [批評]했다. ( )

87. 독후감에 대한 [添削] 지도 서비스가 제공된다. ( )

88. 경북 고령 지산동 [古墳] 발굴 100주년을 기념하는 행사가 거행되었다. ( )

89. 삼전도비는 병자[胡亂]의 치욕을 보여주는 비석이다. ( )

90. 부상을 당한 선수가 다른 선수로 [交替]되었다. ( )

91. [金融] 공황으로 경제계가 심한 타격을 입었다. ( )

92. 그는 혐의가 없어 [起訴]도 안 되고 일주일 만에 석방되었다. ( )

93. 우리 민족은 예로부터 [冠婚喪祭]를 중요하게 여겼다. ( )

94. 다음 단어를 활용하여 [感歎文]을 만들어보시오. ( )

95. [乾電池]를 갈아 끼우자 시계가 작동하였다. ( )

※ **한자성어의 설명을 읽고 ○ 안에 들어갈 한자를 차례대로 쓰시오.**

96. 六○原○ (,)

[**육하원칙**] 역사 기사, 보도 기사 따위의 문장을 쓸 때에 지켜야 하는 기본적인 원칙.

97. 類類○○ (,)

[**유유상종**] 같은 무리끼리 서로 사귐.

98. 識○○患 (,)

[**식자우환**] 학식이 있는 것이 오히려 근심을 사게 됨.

99. ○上加○ (,)

[**설상가상**] 눈 위에 서리가 덮인다는 뜻으로, 난처한 일이나 불행한 일이 잇따라 일어남을 이르는 말.

100. 送○○新 (,)

[**송구영신**] 묵은해를 보내고 새해를 맞음.

- 수고하셨습니다 -

한자실력급수 자격시험 준3급 연습문제 〈11〉

객관식 (1~30번)

※ 다음 [ ]안의 한자와 음이 같은 한자는?

1. [社] ① 慈 ② 査 ③ 始 ④ 施
2. [傷] ① 腸 ② 喪 ③ 創 ④ 降
3. [背] ① 富 ② 胸 ③ 配 ④ 麥
4. [貞] ① 丁 ② 敗 ③ 請 ④ 聽
5. [揚] ① 仰 ② 英 ③ 顔 ④ 讓

※ 다음 [ ]안의 한자와 뜻이 비슷하거나 같은 한자는?

6. [視] ① 掃 ② 災 ③ 監 ④ 息
7. [固] ① 板 ② 平 ③ 曲 ④ 堅

※ 다음 [ ]안의 한자와 뜻이 상대(반대)되는 한자는?

8. [亡] ① 辰 ② 城 ③ 興 ④ 營
9. [悲] ① 喜 ② 略 ③ 局 ④ 基

※ 다음 〈보기〉의 낱말들과 가장 관련이 깊은 한자는?

10.

〈보기〉	달러	엽전	화폐

① 界 ② 錢 ③ 紅 ④ 錄

11.

〈보기〉	삽	씨앗	화초

① 吾 ② 曾 ③ 積 ④ 栽

12.

〈보기〉	죄인	곤장	형틀

① 刑 ② 智 ③ 皆 ④ 杯

※ 다음 [ ]의 단어를 한자로 알맞게 쓴 것은?

13. 정부는 재해민에게 조세를 [**감면**]해 주었다.
① 敢免 ② 敢勉 ③ 減免 ④ 減勉

14. 이 정보는 좀 더 [**검증**]이 필요하다.
① 儉證 ② 檢證 ③ 儉增 ④ 檢增

15. 그의 시는 [**난해**]하기로 유명하다.
① 暖解 ② 暖亥 ③ 難亥 ④ 難解

※ 주어진 뜻에 알맞은 한자어는?

16. 어떤 일이나 의논, 의견에 그 근본이 됨. 또는 그런 까닭.
① 奮發 ② 同盟 ③ 冷淡 ④ 根據

17. 불교 선종 계통의 절에서 본존 불상을 모신 법당.
① 大雄殿 ② 感歎文 ③ 斷髮令 ④ 過怠料

18. 그러하다고 생각하여 옳다고 인정함.
① 福祉 ② 肯定 ③ 矯正 ④ 需要

19. 모임에 공식적으로 초대를 받고 온 사람.
① 來賓 ② 僞造 ③ 簡單 ④ 騷音

20. 매실나무의 꽃.
① 貫徹 ② 供給 ③ 梅花 ④ 保護

21. 목화솜으로 짠 피륙.
① 幼稚 ② 綿織 ③ 誇張 ④ 開港

22. 사물의 이름을 나타내는 품사.
① 優劣 ② 巧妙 ③ 屈伏 ④ 名詞

23. 조상의 신주를 모셔 놓은 집.
① 檀君 ② 祠堂 ③ 變態 ④ 憎惡

24. 나란히 늘어섬. 또는 나란히 늘어놓음.
① 旅程 ② 敍述 ③ 竝列 ④ 政策

25. 아름다운 얼굴 모습.
① 美貌 ② 衝突 ③ 獲得 ④ 慣習

※ [ ]안에 들어갈 한자어로 알맞은 것은?

26. [ ] 교주는 자신을 믿으면 영생불멸한다고 신도들을 속였다.
① 乾電池 ② 抛物線 ③ 異樣船 ④ 似而非

27. 이 [ ]을 보면 옛날 이름 없는 석공의 장인 정신을 느낄 수 있다.
① 蒼空 ② 石塔 ③ 寬容 ④ 豫算

28. 그의 몰상식한 행동은 국가대표팀의 [ ]을 초래하였다.
① 概念 ② 反映 ③ 分裂 ④ 鎔巖

29. 민주주의에서는 [ ]이/가 정치에 미치는 영향이 크다.
① 特殊 ② 輿論 ③ 含蓄 ④ 零下

30. 그의 슬픔은 나중에 한편의 소설로 [ ]되었다.
① 妥當 ② 拒絕 ③ 兼任 ④ 昇華

주관식 (31~100번)

※ 한자의 훈(뜻)과 음(소리)을 한글로 쓰시오.

31. 副 ( )
32. 州 ( )
33. 制 ( )
34. 驗 ( )
35. 從 ( )
36. 穀 ( )
37. 旗 ( )
38. 準 ( )
39. 著 ( )
40. 猶 ( )

※ 훈과 음에 맞는 한자를 〈보기〉에서 찾아 쓰시오.

〈보기〉	且 段 倍 祕 威 宙 卓 切 菜 甚

41. 갑절 배 ( )
42. 위엄 위 ( )
43. 높을 탁 ( )
44. 나물 채 ( )
45. 층계 단 ( )
46. 심할 심 ( )
47. 끊을 절 ( )
48. 또 차 ( )
49. 집 주 ( )
50. 숨길 비 ( )

※ 다음 한자어의 독음을 한글로 쓰시오.

51. 設備 ( )
52. 約束 ( )
53. 健康 ( )
54. 勸告 ( )
55. 忍苦 ( )
56. 案件 ( )
57. 種類 ( )
58. 逢着 ( )
59. 欲求 ( )
60. 警戒 ( )
61. 退勤 ( )
62. 罰則 ( )
63. 規律 ( )
64. 集團 ( )
65. 總理 ( )
66. 鐵鋼 ( )
67. 中耳炎 ( )

※ 〈보기〉의 뜻을 참고하여 ○ 안에 공통으로 들어갈 한자를 쓰시오.

68. (1) ○稅 (2) 完○ ( )

〈보기〉	(1) 세금을 냄. (2) 남김없이 완전히 납부함.

69. (1) 高○ (2) 等○ ( )

〈보기〉	(1) 물건이나 시설 따위의 품질이 뛰어나고 값이 비쌈. (2) 높고 낮음이나 좋고 나쁨 따위의 차이를 여러 층으로 구분한 단계.

70. (1) 滿○ (2) 充○ ( )

〈보기〉	(1) 정한 인원이 다 참. (2) 인원수를 채움.

※ ○ 안에 공통으로 들어갈 한자를 <보기>에서 찾아 쓰시오.

〈보기〉	院 歸 居 會 京 犯

71. ○住 ○處 ○室 ( )
72. 回○ ○鄉 ○家 ( )
73. 防○ ○罪 ○行 ( )

※ 문장에서 잘못 쓴 한자를 바르게 고쳐 쓰시오. (단, 음이 같은 한자로 고칠 것)

74. 주요 고속도로 일부 具間에서 다시 정체가 시작되고 있다. (→)

75. 고대 그리스에서는 일찍부터 幾河學이 발달하였다. (→)

※ [ ] 안의 단어를 한자로 쓰시오.

76. 이곳 [**기후**]는 농사에 적합하다.( )

77. 옆집 할아버지는 고령에도 불구하고 마라톤 경기에 참가하여 [**노익장**]을 과시한다.( )

78. 유사사건의 재발을 방지하기 위해 가해자에 대한 [**엄중**]한 처벌이 필요하다. ( )

79. 그 산악회 회원들은 세계의 험산을 두루 [**등정**] 했다. ( )

80. 우리는 밤하늘의 별을 [**망원경**]으로 관찰하였다. ( )

※ [ ] 안의 한자어 독음을 한글로 쓰시오.

81. 교통과 통신의 발달은 세계를 하나의 [生活圈]으로 만들고 있다. ( )

82. 그녀는 헛소문을 퍼뜨려 그의 [名譽]를 실추시켰다. ( )

83. 이 노끈의 [彈性]은 아주 뛰어나다. ( )

84. 지난해에는 [洪水]로 인해 수십 명이 집을 잃었다. ( )

85. 정부는 국민의 [貧富隔差]를 줄이려고 노력하고 있다. ( )

86. 남을 [戲弄]하는 것을 삼가주시기 바랍니다. ( )

87. 그는 이 사안에 대해 어떠한 [偏見]도 가지고 있지 않다. ( )

88. 그들은 아직 군대를 가지 않은 병역 [未畢]자들이다. ( )

89. 영국은 [緯度]가 높은 것에 비해 온화한 기후를 보인다. ( )

90. 세종 때의 정승인 황희와 맹사성은 [淸白吏]로도 잘 알려져 있다. ( )

91. 이 회사는 막대한 [債務] 때문에 도산했다. ( )

92. [太陽曆]에는 4년에 한 번씩 2월 29일이 있다. ( )

93. [憲法]에는 모든 국민이 평등하다는 것이 명시되어 있다. ( )

94. 그들이 개척한 땅은 전 국토에 비하면 [滄海]의 일속에 불과하다. ( )

95. 이 글은 창의성 없이 단순히 [模倣]한 것으로 전혀 참신함이 없다. ( )

※ 한자성어의 설명을 읽고 ○ 안에 들어갈 한자를 차례대로 쓰시오.

96. 公○多○ (,)

[**공사다망**] 공적 · 사적인 일 따위로 매우 바쁨.

97. 內○外○ (,)

[**내우외환**] 나라 안팎의 여러 가지 어려움.

98. 不可○○ (,)

[**불가사의**] 사람의 생각으로는 미루어 헤아릴 수 없이 이상하고 야릇함.

99. 萬古○○ (,)

[**만고풍상**] 아주 오랜 세월 동안 겪어 온 많은 고생.

100. 大○○成 (,)

[**대기만성**] 큰 그릇을 만드는 데는 시간이 오래 걸린다는 뜻으로, 크게 될 사람은 늦게 이루어짐을 이르는 말.

- 수고하셨습니다 -

한자실력급수 자격시험 준3급 연습문제 〈12〉

객관식 (1~30번)

※ 다음 [ ]안의 한자와 음이 같은 한자는?

1. [祕] ① 器 ② 佛 ③ 飛 ④ 茂
2. [智] ① 息 ② 卓 ③ 旗 ④ 枝
3. [副] ① 創 ② 床 ③ 否 ④ 制
4. [甚] ① 深 ② 刑 ③ 丑 ④ 職
5. [須] ① 頂 ② 誰 ③ 進 ④ 豊

※ 다음 [ ]안의 한자와 뜻이 비슷하거나 같은 한자는?

6. [助] ① 損 ② 採 ③ 投 ④ 扶
7. [友] ① 汝 ② 朋 ③ 又 ④ 定

※ 다음 [ ]안의 한자와 뜻이 상대(반대)되는 한자는?

8. [此] ① 繼 ② 幾 ③ 彼 ④ 境
9. [實] ① 虛 ② 宮 ③ 渴 ④ 窮

※ 다음 〈보기〉의 낱말들과 가장 관련이 깊은 한자는?

10.

〈보기〉	도서관	동화책	소설책

① 杯 ② 東 ③ 我 ④ 卷

11.

〈보기〉	꼬꼬댁	뻐꾹뻐꾹	끼룩끼룩

① 納 ② 鳴 ③ 局 ④ 愁

12.

〈보기〉	차표	매표소	투표

① 票 ② 巖 ③ 余 ④ 瓦

※ 다음 [ ]의 단어를 한자로 알맞게 쓴 것은?

13. 여동생은 [**사생**] 대회에서 상을 받았다.
① 謝生 ② 射生 ③ 寫生 ④ 師生

14. 언성이 높아지더니 [**급기야**] 주먹다짐을 벌였다.
① 及期也 ② 給期也 ③ 給其也 ④ 及其也

15. 그는 찬성도 반대도 아닌 [**어중간**]한 대답을 했다.
① 語中間 ② 於中間 ③ 語重間 ④ 於重間

※ 주어진 뜻에 알맞은 한자어는?

16. 주로 경제적인 도움을 주고받거나 친목을 도모하기 위하여 만든 전래의 협동 조직.
① 幕 ② 核 ③ 契 ④ 線

17. 손해를 물어 준다거나 일이 확실하게 이루어진다는 보증.
① 保險 ② 揮毫 ③ 播種 ④ 厄運

18. 아무 탈 없이 편안함.
① 殘忍 ② 超越 ③ 親戚 ④ 安寧

19. 증거가 되는 문서나 서류.
① 鬼神 ② 證券 ③ 禽獸 ④ 鬪爭

20. 심사하고 토의함.
① 審議 ② 衝突 ③ 補償 ④ 覺悟

21. 이름을 숨김.
① 洗劑 ② 豫算 ③ 匿名 ④ 蒼空

22. 죽순 모양으로 이루어진 돌 기물.
① 鳥嶺 ② 需要 ③ 福祉 ④ 石筍

23. 장사나 사업 따위의 기본이 되는 돈.
① 血緣 ② 資本 ③ 寬容 ④ 壁畫

24. 조선시대에, 선비들이 정치적 반대파에게 몰려 참혹한 화를 입던 일.
① 簡單 ② 騷音 ③ 士禍 ④ 耐性

25. 천자가 나라의 토지를 나누어 주고 제후를 봉하여 나라를 세우게 하던 일.
① 封建 ② 森林 ③ 華燭 ④ 同盟

※ [ ]안에 들어갈 한자어로 알맞은 것은?

26. 화재가 일어난 현지는 마치 [ ]과 같았다.
① 概念 ② 地獄 ③ 供給 ④ 反映

27. 그는 소속 [ ]에서 탈당하기로 결심했다.
① 優劣 ② 比較 ③ 利潤 ④ 政黨

28. 그의 [ ]과/와 야망이 끝내 그를 자멸의 길로 이끌었다.
① 聘丈 ② 冷却 ③ 貪慾 ④ 遵法

29. 이 유적지는 고대인들의 [   ]을/를 충분히 보여주고 있다.
① 混濁 ② 獲得 ③ 妥當 ④ 智慧

30. 그는 심해를 탐사하기 위해 [   ]을/를 하기 시작했다.
① 潛水 ② 誇張 ③ 慣習 ④ 批評

주관식 (31~100번)

※ 한자의 훈(뜻)과 음(소리)을 한글로 쓰시오.

31. 皆 (   )
32. 壇 (   )
33. 霜 (   )
34. 板 (   )
35. 規 (   )
36. 而 (   )
37. 象 (   )
38. 勤 (   )
39. 庫 (   )
40. 件 (   )

※ 훈과 음에 맞는 한자를 〈보기〉에서 찾아 쓰시오.

〈보기〉	卵 臥 郎 泰 晴 讓 包 賀 炎 涼

41. 사내 랑 (   )
42. 갤 청 (   )
43. 쌀 포 (   )
44. 하례할 하 (   )
45. 누울 와 (   )
46. 불꽃 염 (   )
47. 사양할 양 (   )
48. 서늘할 량 (   )
49. 알 란 (   )
50. 클 태 (   )

※ 다음 한자어의 독음을 한글로 쓰시오.

51. 我執 (   )
52. 賣盡 (   )
53. 亦是 (   )
54. 只今 (   )
55. 就任 (   )
56. 果敢 (   )
57. 旣婚 (   )
58. 吾等 (   )
59. 省略 (   )
60. 快哉 (   )
61. 錄音 (   )
62. 莫逆 (   )
63. 此際 (   )
64. 設或 (   )
65. 改悟 (   )
66. 宗敎 (   )
67. 已往 (   )

※ 〈보기〉의 뜻을 참고하여 ○ 안에 공통으로 들어갈 한자를 쓰시오.

68. (1) ○歡 (2) ○惜 (   )

〈보기〉	(1) 슬픔과 기쁨을 아울러 이르는 말. (2) 소중히 여기고 아낌.

69. (1) ○興 (2) ○效 (   )

〈보기〉	(1) 그 자리에서 바로 일어나는 감흥. 또는 그런 기분. (2) 곧 반응을 보이는, 약 따위의 효험.

70. (1) 追○ (2) 記○ (   )

〈보기〉	(1) 지나간 일을 돌이켜 생각함. 또는 그런 생각이나 일. (2) 이전의 인상이나 경험을 의식 속에 간직하거나 도로 생각해 냄.

※ ○ 안에 공통으로 들어갈 한자를 <보기>에서 찾아 쓰시오.

〈보기〉	吸 仰 導 着 潔 謠

71. 淸○ ○白 純○ (   )
72. 歌○ 童○ 民○ (   )
73. 信○ ○望 推○ (   )

※ **문장에서 잘못 쓴 한자를 바르게 고쳐 쓰시오. (단, 음이 같은 한자로 고칠 것)**

74. 거짓말은 朝晩間 탄로 난다.
(→)

75. 그는 활기차고 適極的인 성격을 지니고 있다.
(→)

※ **[ ] 안의 단어를 한자로 쓰시오.**

76. 이것이 목적지로 가는 [**유일**]한 길이다.
( )

77. [**상장**]을 주어 그의 값진 행동을 표창하였다.
( )

78. 그의 필체는 힘이 있으면서도 [**고상**]한 기품이 흘러 넘쳤다. ( )

79. 이 작품은 역사에 남을 만한 [**수작**]으로 평가받을 만하다. ( )

80. 한옥에는 아름다운 자연을 [**음미**]하고자 하는 조상들의 지혜가 담겨 있다. ( )

※ **[ ] 안의 한자어 독음을 한글로 쓰시오.**

81. 그는 [疾病]으로 고통 받는 사람들을 그냥 지나칠 수 없었다. ( )

82. 언어의 사회성을 중시하는 것은 이 [學派]의 고유한 특징이다. ( )

83. '그는 여우처럼 교활하다'는 [直喩法]을 활용한 문장이다. ( )

84. 고려 사람들은 부처의 힘으로 몽고의 침략을 막고자 [大藏經]을 제작하였다. ( )

85. 자유로운 경쟁을 제한하는 행위로는 공급의 독점이나 [寡占] 행위를 들 수 있다.( )

86. 관군은 [火賊]들의 소굴을 찾아 그들을 체포하였다. ( )

87. 뿌리의 수분 흡수보다 [蒸散]작용이 많으면 말라 죽게 된다. ( )

88. 그는 [株式]에 투자하였다가 많은 돈을 잃었다. ( )

89. 집 앞 개천에서 풍기는 [惡臭] 때문에 창문을 열 수가 없다. ( )

90. 그는 [辭典]을 한 장씩 넘기면서 단어를 찾고 있다. ( )

91. 경찰관은 음주 측정기로 혈중 알코올 [濃度]를 측정하고 있다. ( )

92. [避雷針]은 건축물이 번개의 파괴를 받지 않도록 보호할 수 있다. ( )

93. 이 [山岳]지역의 길은 정말 험하고 구불구불하다. ( )

94. [額子小說]은 이야기 속에 또 하나의 이야기가 들어 있는 형식이다. ( )

95. 물질 만능주의는 사람들의 [情緒]를 황폐화한다. ( )

※ **한자성어의 설명을 읽고 ○ 안에 들어갈 한자를 차례대로 쓰시오.**

96. 大○○色 (,)

[**대경실색**] 몹시 놀라 얼굴빛이 하얗게 질림.

97. 白骨○○ (,)

[**백골난망**] 죽어서 백골이 되어도 잊을 수 없다는 뜻으로, 남에게 큰 은덕을 입었을 때 고마움의 뜻으로 이르는 말.

98. 事○○正 (,)

[**사필귀정**] 모든 일은 반드시 바른길로 돌아감.

99. ○身成○ (,)

[**살신성인**] 자기의 몸을 희생하여 인을 이룸.

100. 養○○患 (,)

[**양호유환**] 범을 길러서 화근을 남긴다는 뜻으로, 화근이 될 것을 길러서 후환을 당하게 됨을 이르는 말.

- 수고하셨습니다 -

한자실력급수 자격시험 준3급 연습문제 〈13〉

객관식 (1~30번)

※ 다음 [　]안의 한자와 음이 같은 한자는?

1. [健] ① 件 ② 驚 ③ 潔 ④ 旗
2. [鷄] ① 晩 ② 鳴 ③ 階 ④ 烏
3. [鋼] ① 討 ② 破 ③ 恒 ④ 康
4. [狀] ① 操 ② 霜 ③ 際 ④ 已
5. [考] ① 副 ② 寶 ③ 孤 ④ 暑

※ 다음 [　]안의 한자와 뜻이 비슷하거나 같은 한자는?

6. [紅] ① 朱 ② 器 ③ 敢 ④ 困
7. [就] ① 退 ② 遊 ③ 遠 ④ 進

※ 다음 [　]안의 한자와 뜻이 상대(반대)되는 한자는?

8. [續] ① 總 ② 斷 ③ 繼 ④ 級
9. [乘] ① 車 ② 床 ③ 降 ④ 居

※ 다음 〈보기〉의 낱말들과 가장 관련이 깊은 한자는?

10.

〈보기〉	맥주	보리밭	보릿고래

① 秀 ② 麥 ③ 積 ④ 羅

11.

〈보기〉	꿀꿀	삼겹살	돼지꼬리

① 凡 ② 飛 ③ 昔 ④ 亥

12.

〈보기〉	턱	코	뺨

① 顔 ② 昌 ③ 怨 ④ 憂

※ 다음 [　]의 단어를 한자로 알맞게 쓴 것은?

13. 월드컵 4강에 진출하자 전국이 [**환희**]로 들끓었다.
① 歡希 ② 患喜 ③ 歡喜 ④ 患希
14. 두 분의 [**약혼**]을 축하합니다.
① 若婚 ② 約婚 ③ 若混 ④ 約混
15. 시간이 지날수록 [**신록**]은 더욱 푸르러만 갔다.
① 新錄 ② 申錄 ③ 申綠 ④ 新綠

※ 주어진 뜻에 알맞은 한자어는?

16. 연극의 큰 단락 또는 큰 단락을 세는 단위를 나타내는 말.
① 契 ② 核 ③ 邊 ④ 幕
17. 시대 사조, 학문, 유행 따위의 맨 앞장.
① 厄運 ② 尖端 ③ 機構 ④ 氣壓
18. 인간과 세계에 대한 근본 원리와 삶의 본질 따위를 연구하는 학문.
① 聘丈 ② 哲學 ③ 踏査 ④ 白眉
19. 유럽의 중세기에 귀족이나 사원에 딸린 넓은 토지.
① 隨筆 ② 緯度 ③ 倒置 ④ 莊園
20. 상대가 되는 이쪽과 저쪽 모두.
① 相互 ② 頃刻 ③ 裁判 ④ 講演
21. 사물의 상태나 움직임을 암시적으로 나타내는 수사법.
① 漸層法 ② 乾電池 ③ 隱喩法 ④ 過怠料
22. 유교의 도덕에서 기본이 되는 세 가지 강령.
① 碑銘 ② 補償 ③ 鈍角 ④ 三綱
23. 어떤 함수의 미분 계수를 구하는 일.
① 智慧 ② 微分 ③ 鼓吹 ④ 徐行
24. 그림자가 없음.
① 批評 ② 山岳 ③ 無影 ④ 綿織
25. 늙은 남자.
① 老翁 ② 威脅 ③ 竝列 ④ 鎔巖

※ [　]안에 들어갈 한자어로 알맞은 것은?

26. 쇼팽은 대표적인 [　　] 음악의 작곡가이다.
① 冠婚喪祭 ② 貧富隔差 ③ 額子小說 ④ 浪漫主義
27. [　　] 행복한 삶이란 무엇일까?
① 辭典 ② 所謂 ③ 零下 ④ 象徵
28. 국어의 [　　]상 특징으로는 모음조화와 두음법칙을 들 수 있다.
① 音韻 ② 寺刹 ③ 綿織 ④ 吐露

29. 이 평평한 땅은 밀을 [　　　]하기에 매우 적합합니다.
① 揮毫　② 豫算　③ 播種　④ 鬼神

30. 자기소개서를 작성한 후 [　　　]을/를 선생님께 부탁했다.
① 殘忍　② 添削　③ 衝突　④ 洗劑

주관식 (31~100번)

※ 한자의 훈(뜻)과 음(소리)을 한글로 쓰시오.

31. 規 (　　　　　　)
32. 淑 (　　　　　　)
33. 嚴 (　　　　　　)
34. 犯 (　　　　　　)
35. 忍 (　　　　　　)
36. 柔 (　　　　　　)
37. 仁 (　　　　　　)
38. 隊 (　　　　　　)
39. 須 (　　　　　　)
40. 曰 (　　　　　　)

※ 훈과 음에 맞는 한자를 〈보기〉에서 찾아 쓰시오.

〈보기〉	班 勤 于 諸 猶 勸 準 納 只 篇

41. 모든 제 (　　　)
42. 들일 납 (　　　)
43. 권할 권 (　　　)
44. 어조사 우 (　　　)
45. 법도 준 (　　　)
46. 책 편 (　　　)
47. 나눌 반 (　　　)
48. 다만 지 (　　　)
49. 같을 유 (　　　)
50. 부지런할 근 (　　　)

※ 다음 한자어의 독음을 한글로 쓰시오.

51. 胸部 (　　　　　)
52. 哀痛 (　　　　　)
53. 流浪 (　　　　　)
54. 鐵板 (　　　　　)
55. 淺學 (　　　　　)
56. 吸煙 (　　　　　)
57. 投票 (　　　　　)
58. 經營 (　　　　　)
59. 施賞 (　　　　　)
60. 假借 (　　　　　)
61. 災害 (　　　　　)
62. 何必 (　　　　　)
63. 淸淨 (　　　　　)
64. 卽興曲 (　　　　　)
65. 於此彼 (　　　　　)
66. 一掃 (　　　　　)
67. 職業 (　　　　　)

※ 〈보기〉의 뜻을 참고하여 ○ 안에 공통으로 들어갈 한자를 쓰시오.

68. (1) ○界　(2) 死○ (　　　)

〈보기〉	(1) 사물이 어떠한 기준에 의하여 분간되는 한계. (2) 죽을 지경. 또는 죽음에 임박한 경지.

69. (1) ○衆　(2) ○落 (　　　)

〈보기〉	(1) 한곳에 모인 많은 사람. (2) 같은 지역에 모여 생활하는 많은 부락.

70. (1) ○夜　(2) 水○ (　　　)

〈보기〉	(1) 깊은 밤. (2) 강이나 바다, 호수 따위의 물의 깊이.

※ ○ 안에 공통으로 들어갈 한자를 <보기>에서 찾아 쓰시오.

〈보기〉	豐　證　誰　任　庫　結

71. 寶 ○　在 ○　國 ○ (　　　)
72. ○ 期　○ 務　○ 用 (　　　)
73. ○ 盛　○ 年　○ 滿 (　　　)

※ 문장에서 잘못 쓴 한자를 바르게 고쳐 쓰시오. (단, 음이 같은 한자로 고칠 것)

74. 적의 혹독한 刑伐과 고문 속에서도 그는 굴복하지 않았다. (→)

75. 그는 지난 국회議園 선거에서 낙선하였다. (→)

※ [ ] 안의 단어를 한자로 쓰시오.

76. 그는 유명한 [**탁구**] 선수이다. ( )

77. 고전인 춘향전을 [**각색**]하였다. ( )

78. 경찰은 범인 [**검거**]를 위해 총력을 기울였다. ( )

79. [**탄소**] 배출을 줄일 수 있는 방법을 연구하였다. ( )

80. 아침식사 대용으로 [**두유**]가 인기다. ( )

※ [ ] 안의 한자어 독음을 한글로 쓰시오.

81. 갑작스럽게 상을 당한 친구에게 [慰勞]의 말을 건넸다. ( )

82. 차를 수리하면서 낡은 부품을 [交替]하였다. ( )

83. 고개를 끄덕이는 것은 [肯定]의 뜻을 나타낸다. ( )

84. [愼重]하게 고민해서 후회가 없도록 하자. ( )

85. 그는 토지를 하사받아 광대한 영지를 재배하는 [封建] 영주가 되었다. ( )

86. [紫外線]은 가시광선보다 짧은 파장으로 눈에 보이지 않는 빛이다. ( )

87. 집을 [擔保]로 설정하여 대출을 받았다. ( )

88. 그는 우리나라의 연극 발전에 중요한 [役割]을 하였다. ( )

89. 그의 말은 [抑揚]이 심해서 알아 듣기 어렵다. ( )

90. 그의 잘못된 [選擇]이 회사를 위기에 빠뜨렸다. ( )

91. 이 소설은 모방이나 [飜案]이지 창작이라 할 수 없다. ( )

92. 그는 발해의 역사 연구 진전에 커다란 [貢獻]을 하였다. ( )

93. 어둠 속에서 [猛獸]의 두 눈이 번뜩거렸다. ( )

94. 그녀는 훌륭한 연기력에 뛰어난 [美貌]까지 갖춘 배우이다. ( )

95. 이 기기의 치명적 [缺陷]이 발견되었다. ( )

※ 한자성어의 설명을 읽고 ○ 안에 들어갈 한자를 차례대로 쓰시오.

96. 三人○○ (,)

[**삼인성호**] 세 사람이 짜면 거리에 범이 나왔다는 거짓말도 꾸밀 수 있다는 뜻으로, 근거 없는 말이라도 여러 사람이 말하면 곧이 듣게 됨을 이르는 말.

97. 老當○○ (,)

[**노당익장**] 늙었지만 의욕이나 기력은 점점 좋아짐. 또는 그런 상태.

98. 三○○子 (,)

[**삼척동자**] 키가 석 자 정도밖에 되지 않는 어린아이. 철없는 어린아이를 이르는 말.

99. 目不○○ (,)

[**목불식정**] 아주 까막눈임을 이르는 말.

100. ○山北○ (,)

[**태산북두**] 태산과 북두칠성을 아울러 이르는 말.

- 수고하셨습니다 -

한자실력급수 자격시험 준3급 연습문제 〈14〉

객관식 (1~30번)

※ 다음 [ ]안의 한자와 음이 같은 한자는?

1. [而] ① 己 ② 遇 ③ 已 ④ 油
2. [尤] ① 犬 ② 堅 ③ 柳 ④ 又
3. [枝] ① 基 ② 智 ③ 治 ④ 州
4. [何] ① 甲 ② 價 ③ 賀 ④ 假
5. [矣] ① 醫 ② 施 ③ 質 ④ 追

※ 다음 [ ]안의 한자와 뜻이 비슷하거나 같은 한자는?

6. [伐] ① 倍 ② 讓 ③ 仁 ④ 討
7. [帝] ① 具 ② 皇 ③ 勤 ④ 錄

※ 다음 [ ]안의 한자와 뜻이 상대(반대)되는 한자는?

8. [坤] ① 莫 ② 昔 ③ 乾 ④ 曾
9. [怨] ① 恩 ② 專 ③ 恨 ④ 忙

※ 다음 〈보기〉의 낱말들과 가장 관련이 깊은 한자는?

10.

〈보기〉	노래방	동요	민요

① 請 ② 警 ③ 證 ④ 謠

11.

〈보기〉	딸기	홍실	립스틱

① 皆 ② 紅 ③ 繼 ④ 吟

12.

〈보기〉	달래	쑥	도라지

① 著 ② 萬 ③ 菜 ④ 華

※ 다음 [ ]의 단어를 한자로 알맞게 쓴 것은?

13. 사무실의 [**난방**] 설비가 고장이 났다.
① 暖防 ② 暖放 ③ 暖訪 ④ 暖房
14. 음식을 잘못 먹어 [**장염**]으로 병원에 입원했다.
① 腸炎 ② 將炎 ③ 章炎 ④ 壯炎
15. 좋은 노래지만 자꾸 들으니 [**식상**]하다.
① 息傷 ② 息想 ③ 食傷 ④ 食想

※ 주어진 뜻에 알맞은 한자어는?

16. 선거나 임명에 의하여 지명되어 단체의 특정 사항을 처리할 것을 위임받은 사람.
① 洪水 ② 尖端 ③ 委員 ④ 役割
17. 경상북도 문경시와 충청북도 괴산군 사이에 있는 고개.
① 鳥嶺 ② 禽獸 ③ 宣布 ④ 吐露
18. 어떤 조건에 적합한 대상을 책임지고 소개함.
① 圖鑑 ② 謀議 ③ 蒼空 ④ 推薦
19. 청하는 일을 하도록 들어줌.
① 血緣 ② 許諾 ③ 憲法 ④ 縮尺
20. 남아 있는 자취. 건축물이나 싸움터 또는 역사적인 사건이 벌어졌던 곳이나 패총, 고분 따위를 이르는 말.
① 遺蹟 ② 事項 ③ 奮發 ④ 碑銘
21. 물속으로 잠겨 들어감. 또는 그런 일.
① 選擇 ② 沙漠 ③ 厄運 ④ 潛水
22. 세로와 가로를 아울러 이르는 말.
① 抑揚 ② 優劣 ③ 縱橫 ④ 靈魂
23. 겉으로 나타나거나 눈에 보이지 않는 부분.
① 莊園 ② 裏面 ③ 匿名 ④ 輪作
24. 긴장된 상태나 급박한 것을 느슨하게 함.
① 殘忍 ② 緯度 ③ 安寧 ④ 緩和
25. 어떤 물건을 속일 목적으로 꾸며 진짜처럼 만듦.
① 疏外 ② 旋回 ③ 僞造 ④ 需要

※ [ ]안에 들어갈 한자어로 알맞은 것은?

26. 그는 유명한 [ ] 작가이다.
① 隨筆 ② 聰明 ③ 弊社 ④ 妥當
27. 동굴에는 [ ]이 자라고 있었다.
① 政策 ② 週末 ③ 石筍 ④ 中庸
28. 그녀는 [ ]와/과 소득을 극대화시키는 방법을 터득하게 되었다.
① 偏見 ② 被害 ③ 彈性 ④ 利潤

29. 소리의 파장과 [　　]에 따라 음이 결정된다.
① 戱弄　② 貪慾　③ 懲罰　④ 振動

30. 성적이 오른 아이에게 [　　]의 말을 아끼지 않았다.
① 抵抗　② 稱讚　③ 戱曲　④ 親戚

주관식 (31~100번)

※ 한자의 훈(뜻)과 음(소리)을 한글로 쓰시오.

31. 彼 (　　)
32. 痛 (　　)
33. 抱 (　　)
34. 舞 (　　)
35. 瓦 (　　)
36. 宇 (　　)
37. 逢 (　　)
38. 轉 (　　)
39. 儉 (　　)
40. 壇 (　　)

※ 훈과 음에 맞는 한자를 〈보기〉에서 찾아 쓰시오.

〈보기〉	宙 烏 亦 居 妻 潔 掃 伏 凡 疲

41. 깨끗할 결 (　　)
42. 엎드릴 복 (　　)
43. 집 주 (　　)
44. 아내 처 (　　)
45. 쓸 소 (　　)
46. 까마귀 오 (　　)
47. 피곤할 피 (　　)
48. 살 거 (　　)
49. 무릇 범 (　　)
50. 또 역 (　　)

※ 다음 한자어의 독음을 한글로 쓰시오.

51. 災難 (　　)
52. 實際 (　　)
53. 團體 (　　)
54. 試驗 (　　)
55. 孤獨 (　　)
56. 麥酒 (　　)
57. 部隊 (　　)
58. 內包 (　　)
59. 威力 (　　)
60. 玉篇 (　　)
61. 勿論 (　　)
62. 吹打 (　　)
63. 直球 (　　)
64. 調査 (　　)
65. 祝杯 (　　)
66. 永眠 (　　)
67. 養鷄場 (　　)

※ 〈보기〉의 뜻을 참고하여 ○ 안에 공통으로 들어갈 한자를 쓰시오.

68. (1) ○惜　(2) ○哉 (　　)

〈보기〉	(1) 슬프고 아까움. (2) '슬프도다'의 뜻으로, 슬퍼서 울고 싶은 상태일 때 하는 말.

69. (1) ○林　(2) ○盛 (　　)

〈보기〉	(1) 나무가 울창하게 우거진 숲. (2) 풀이나 나무 따위가 자라서 우거져 있음.

70. (1) ○涼　(2) ○品 (　　)

〈보기〉	(1) 여름철에 더위를 피하여 서늘한 기운을 느낌. (2) 계약한 곳에 주문받은 물품을 가져다줌. 또는 그 물품.

※ ○ 안에 공통으로 들어갈 한자를 <보기>에서 찾아 쓰시오.

〈보기〉	指 射 吸 貨 戒 鏡

71. ○收　呼○　○煙 (　　)
72. ○定　○針　藥○ (　　)
73. 眼○　望遠○　破○ (　　)

※ **문장에서 잘못 쓴 한자를 바르게 고쳐 쓰시오. (단, 음이 같은 한자로 고칠 것)**

74. 우리는 고등학생이 꼭 읽어야 할 책의 目綠을 만들었다. (→)

75. 設事 그가 돈이 많더라도 건강을 잃으면 아무 소용이 없다. (→)

※ **[ ] 안의 단어를 한자로 쓰시오.**

76. [**세모**]를 맞아 거리는 사람들로 붐비고 있다. ( )

77. 그는 우리 지역에서 소문난 [**수재**]이다. ( )

78. 그녀는 불혹을 넘은 나이에 출전한 마라톤 경기에서 [**경이**]로운 기록을 달성했다. ( )

79. 그는 주어진 환경 속에서 묵묵히 [**임무**]를 수행하였다. ( )

80. 그는 [**건전**]한 정신과 건강한 신체를 겸유하고 있다. ( )

※ **[ ] 안의 한자어 독음을 한글로 쓰시오.**

81. 그는 시합을 치르기 전 [覺悟]를 다졌다. ( )

82. 질병에 대한 백신의 [供給]이 시작되었다. ( )

83. 그녀는 [簡單]한 요리 몇 가지를 선보였다. ( )

84. [過怠料]와 벌금의 중복 부과가 대폭 줄어들었다. ( )

85. 관노비는 조선 시대의 [官廳]에 소속된 노비를 말한다. ( )

86. 문제의 [概念]과 원리를 완벽하게 이해해야 정답률이 높아진다. ( )

87. 안개를 헤치고 나룻배가 등장하는 장면은 이 소설의 [白眉]이다. ( )

88. 전선 2개를 [竝列]로 연결하고 저항에 걸리는 전압을 측정하였다. ( )

89. 감기 예방을 위해 실내의 [濕度]를 적정하게 유지해주어야 한다. ( )

90. 제주의 기생화산은 곳곳에서 분출한 [鎔巖]과 화산회가 쌓여서 만들어졌다. ( )

91. 그 군인은 [特殊] 임무를 마치고 자기 부대에 환속되었다. ( )

92. 그는 모든 매체의 취재를 정중하게 [拒絶]하였다. ( )

93. [暫時] 후에 경기가 시작되겠습니다. ( )

94. 그는 아이들이 할 법한 [幼稚]한 장난을 치곤 한다. ( )

95. 그는 위기 [狀況]을 오히려 반전의 기회로 삼았다. ( )

※ **한자성어의 설명을 읽고 ○ 안에 들어갈 한자를 차례대로 쓰시오.**

96. 自○自○ (,)

[**자업자득**] 자기가 저지른 일의 결과를 자기가 받음.

97. 結者○○ (,)

[**결자해지**] 맺은 사람이 풀어야 한다는 뜻으로, 자기가 저지른 일은 자기가 해결하여야 함을 이르는 말.

98. 坐○○天 (,)

[**좌정관천**] 우물 속에 앉아서 하늘을 본다는 뜻으로, 사람의 견문이 매우 좁음을 이르는 말.

99. 開○有○ (,)

[**개권유익**] 책을 펼쳐 놓는 것만으로도 이익이 있다는 뜻으로, 책을 읽는 것을 권장하는 말.

100. ○江○石 (,)

[**한강투석**] 한강에 돌 던지기라는 뜻으로, 지나치게 미미하여 아무런 효과를 미치지 못함을 이르는 말.

- 수고하셨습니다 -

한자실력급수 자격시험 준3급 연습문제 〈15〉

객관식 (1~30번)

※ 다음 [ ]안의 한자와 음이 같은 한자는?

1. [幾] ① 茂 ② 器 ③ 致 ④ 支
2. [區] ① 品 ② 歸 ③ 救 ④ 戒
3. [員] ① 敗 ② 班 ③ 誰 ④ 原
4. [類] ① 留 ② 飛 ③ 須 ④ 尙
5. [栽] ① 製 ② 災 ③ 探 ④ 採

※ 다음 [ ]안의 한자와 뜻이 비슷하거나 같은 한자는?

6. [試] ① 說 ② 顔 ③ 驗 ④ 積
7. [淸] ① 淨 ② 淺 ③ 注 ④ 源

※ 다음 [ ]안의 한자와 뜻이 상대(반대)되는 한자는?

8. [寒] ① 渴 ② 暑 ③ 戊 ④ 晴
9. [晩] ① 昌 ② 是 ③ 陽 ④ 早

※ 다음 〈보기〉의 낱말들과 가장 관련이 깊은 한자는?

10.

〈보기〉	연고	병원	치료

① 任 ② 儉 ③ 傷 ④ 看

11.

〈보기〉	막걸리	와인	맥주

① 汝 ② 治 ③ 消 ④ 酒

12.

〈보기〉	백설 공주	유리	반사

① 借 ② 技 ③ 鏡 ④ 境

※ 다음 [ ]의 단어를 한자로 알맞게 쓴 것은?

13. 겨울철의 [**노숙**]으로 그의 몸은 꽁꽁 얼었다.
① 露淑 ② 露宿 ③ 路淑 ④ 路宿
14. 이번 사건의 책임자만큼은 [**면책**]이 불가능하다.
① 免責 ② 眠責 ③ 免冊 ④ 眠冊
15. [**제군**]들, 궁금한 점이 있으면 말해 주기 바란다.
① 第群 ② 第君 ③ 諸群 ④ 諸君

※ 주어진 뜻에 알맞은 한자어는?

16. 아무 말도 없이 잠잠히 있음. 또는 그런 상태.
① 沈默 ② 鬼神 ③ 槪念 ④ 同盟
17. 밀물과 썰물 때문에 일어나는 바닷물의 흐름.
① 騷音 ② 耐性 ③ 潮流 ④ 貫徹
18. 있는 힘을 다하여 절절하고 애타게 부르짖음.
① 添削 ② 絶叫 ③ 殘忍 ④ 厄運
19. 지식수준이 낮거나 인습에 젖은 사람을 가르쳐서 깨우침.
① 吐露 ② 猛獸 ③ 簡單 ④ 啓蒙
20. 혹은 억누르고 혹은 찬양함.
① 抑揚 ② 播種 ③ 宮闕 ④ 森林
21. 뜻하지 아니하게 갑자기.
① 超越 ② 聘丈 ③ 忽然 ④ 壁畫
22. 사회적인 규범으로부터 벗어나는 일.
① 臺本 ② 需要 ③ 組織 ④ 逸脫
23. 대기의 압력.
① 氣壓 ② 親戚 ③ 豫算 ④ 矯正
24. 여럿이 한데 뒤섞이어 어수선함.
① 宣布 ② 蒼空 ③ 混雜 ④ 寬容
25. 어려움 속에서도 부지런하고 꾸준히 학문을 닦음을 이르는 말.
① 禽獸 ② 螢雪 ③ 血緣 ④ 脈絡

※ [ ]안에 들어갈 한자어로 알맞은 것은?

26. 피부병은 종종 곰팡이의 [ ](으)로 인해 발병한다.
① 享有 ② 反映 ③ 保護 ④ 寄生
27. 나는 아파하는 강아지를 안고 [ ]병원으로 달려갔다.
① 比較 ② 家畜 ③ 利潤 ④ 優劣
28. [ ]은/는 시대나 상황에 따라 달라질 수도 있다.
① 慣習 ② 縮尺 ③ 濕度 ④ 零下

29. 형식적인 환경 [ ]에 비판적인 여론이 높다.
① 覺悟 ② 冷却 ③ 政策 ④ 愼重

30. 민족을 위한 [ ]의 불길은 한결 더 높아 갔다.
① 開港 ② 威脅 ③ 抗爭 ④ 肖像

주관식 (31~100번)

※ 한자의 훈(뜻)과 음(소리)을 한글로 쓰시오.

31. 吹 ( )
32. 壽 ( )
33. 脚 ( )
34. 束 ( )
35. 我 ( )
36. 墓 ( )
37. 創 ( )
38. 勿 ( )
39. 旗 ( )
40. 愁 ( )

※ 훈과 음에 맞는 한자를 〈보기〉에서 찾아 쓰시오.

〈보기〉	閉 雖 暖 執 格 疲 繼 專 迎 孤

41. 이을 계 ( )
42. 맞이할 영 ( )
43. 닫을 폐 ( )
44. 피곤할 피 ( )
45. 오로지 전 ( )
46. 따뜻할 난 ( )
47. 비록 수 ( )
48. 격식 격 ( )
49. 외로울 고 ( )
50. 잡을 집 ( )

※ 다음 한자어의 독음을 한글로 쓰시오.

51. 居處 ( )
52. 祭壇 ( )
53. 注射 ( )
54. 或如 ( )
55. 休息 ( )
56. 此後 ( )
57. 檢查 ( )
58. 平凡 ( )
59. 罰則 ( )
60. 證言 ( )
61. 成就 ( )
62. 吸入 ( )
63. 會議 ( )
64. 風霜 ( )
65. 祝賀 ( )
66. 進級 ( )
67. 曾孫子 ( )

※ 〈보기〉의 뜻을 참고하여 ○ 안에 공통으로 들어갈 한자를 쓰시오.

68. (1) 牛 ○ (2) 母 ○ ( )

〈보기〉	(1) 소의 젖이나 그것을 살균하여 만든 음료. (2) 어머니의 젖.

69. (1) ○ 景 (2) ○ 信 ( )

〈보기〉	(1) 사건이나 환경, 인물 따위를 둘러싼 주위의 정경. (2) 믿음이나 의리를 저버림.

70. (1) ○ 德 (2) 重 ○ ( )

〈보기〉	(1) 덕이 후함. 또는 그런 덕. (2) 태도 따위가 정중하고 무게가 있음.

※ ○ 안에 공통으로 들어갈 한자를 <보기>에서 찾아 쓰시오.

〈보기〉	伏 犯 設 場 覽 答

71. 觀 ○ 回 ○ 遊 ○ ( )
72. ○ 計 施 ○ 建 ○ ( )
73. 降 ○ ○ 線 ○ 兵 ( )

※ 문장에서 잘못 쓴 한자를 바르게 고쳐 쓰시오. (단, 음이 같은 한자로 고칠 것)

74. 노약자에게 자리를 養步하는 것은 우리 사회의 미덕이다. (→)

75. 어머니는 그 어려웠던 시절이 오히려 아름다웠다고 推憶하고 계신다. (→)

※ [ ] 안의 단어를 한자로 쓰시오.

76. 그 부인은 [**곤궁**] 속에서도 살길을 찾아 나서는 등 억척스러운 면이 있었다. ( )

77. [**구단**]은 김 코치를 수석 코치로 승격시켰다. ( )

78. 비행기의 각 좌석에는 비상 상황을 대비해 산소 마스크가 [**구비**]되어 있다. ( )

79. 국민의 성실과 [**근면**]은 국가 경제 발전의 동력이다. ( )

80. 이것은 우리 회사의 [**극비**] 서류이니, 특히 보안에 철저하기를 바랍니다. ( )

※ [ ] 안의 한자어 독음을 한글로 쓰시오.

81. 그는 자신을 [疏外]하지 않고 따뜻하게 맞아준 동료들이 무척 고맙게 느껴졌다. ( )

82. 이 문장은 [疑問文]이니까 문장 마지막에 물음표를 찍어야 한다. ( )

83. 그녀는 시는 [漸層法]을 활용하여 자신의 감성을 표현했다. ( )

84. [博物館]에는 신라 시대의 금제품 이백여 점이 전시되어 있다. ( )

85. 평균 수명의 연장으로 노인 인구의 [比率]이 점점 높아지고 있다. ( )

86. [核]무기는 우리 인류를 일거에 멸망시킬 파괴력을 갖고 있다. ( )

87. 우리는 오염도를 측정할 시료로 쓸 [土壤]을 채취하였다. ( )

88. [貿易]을 둘러싼 이해관계는 한 나라안에서도 서로 다르게 나타난다. ( )

89. 이 세부 사항들은 기본 원칙에 [矛盾]되므로 수정되어야 한다. ( )

90. 사람의 능력이나 [履歷]은 보는 각도에 따라 평가가 달라질 수 있다. ( )

91. 번개가 [避雷針]에 떨어진 덕분에 건물은 무사했다. ( )

92. 오늘 아침, 분쟁 지역에서 전날 피격된 12세 소년이 [腦死]했다. ( )

93. [輪作]으로 해충의 피해를 줄이고 지력을 오래 간직할 수 있다. ( )

94. [戶籍]은 호주를 중심으로 하여 가족 관계와 신분 관계 등을 적어 놓은 공문서이다. ( )

95. 집에서 도서관까지는 20분 [距離]이다. ( )

※ 한자성어의 설명을 읽고 ○ 안에 들어갈 한자를 차례대로 쓰시오.

96. 千○一○ (,)

[**천편일률**] 여럿이 개별적 특성이 없이 모두 엇비슷한 현상을 비유적으로 이르는 말.

97. ○○悲來 (,)

[**흥진비래**] 즐거운 일이 다하면 슬픈 일이 닥쳐온다는 뜻으로, 세상일은 순환되는 것임을 이르는 말.

98. 富貴○○ (,)

[**부귀영화**] 재산이 많고 지위가 높으며 귀하게 되어서 세상에 드러나 온갖 영광을 누림.

99. 結草○○ (,)

[**결초보은**] 죽은 뒤에라도 은혜를 잊지 않고 갚음을 이르는 말.

100. ○○之間 (,)

[**빙탄지간**] 얼음과 숯의 사이라는 뜻으로, 서로 맞지 않아 화합하지 못하는 관계를 이르는 말.

- 수고하셨습니다 -

모범답안

〈 1 〉						〈 2 〉						〈 3 〉					
문항	정답	문항	정답	문항	정답	문항	정답	문항	정답	문항	정답	문항	정답	문항	정답	문항	정답
1	③	11	②	21	①	1	②	11	③	21	①	1	①	11	④	21	④
2	④	12	①	22	③	2	④	12	②	22	④	2	③	12	①	22	②
3	③	13	③	23	④	3	①	13	④	23	②	3	④	13	③	23	③
4	①	14	④	24	②	4	②	14	①	24	③	4	②	14	①	24	①
5	②	15	①	25	②	5	③	15	③	25	①	5	④	15	②	25	②
6	②	16	④	26	①	6	①	16	②	26	④	6	③	16	③	26	④
7	③	17	②	27	④	7	④	17	④	27	②	7	①	17	②	27	①
8	④	18	③	28	②	8	②	18	①	28	③	8	④	18	④	28	③
9	③	19	①	29	④	9	③	19	③	29	④	9	②	19	③	29	③
10	③	20	③	30	③	10	①	20	③	30	②	10	③	20	①	30	①

문항	정답	문항	정답	문항	정답	문항	정답	문항	정답	문항	정답
31	놀랄 경	66	노출	31	나아갈 취	66	물건	31	엄할 엄	66	석탄
32	맑을 숙	67	납량	32	쇠북 종	67	계단	32	재앙 재	67	토벌
33	인원 원	68	堅	33	노래 요	68	費	33	보배 보	68	器
34	어질 인	69	背	34	잡을 집	69	煙	34	술 주	69	眠
35	곧을 정	70	留	35	우러를 앙	70	著	35	목숨 수	70	操
36	벗 붕	71	導	36	어조사 의	71	崇	36	표 표	71	球
37	돈 전	72	就	37	울 읍	72	社	37	아재비 숙	72	慈
38	놀 유	73	稅	38	칠 토	73	倍	38	돼지 해	73	愁
39	어조사 야	74	于→宇	39	들일 납	74	射→寫	39	더욱 우	74	員→圓
40	다리 각	75	須→壽	40	만날 봉	75	者→慈	40	가슴 흉	75	導→圖
41	寫	76	清掃	41	莫	76	野菜	41	技	76	錄音
42	汝	77	操心	42	秀	77	虛脫	42	施	77	新郎
43	源	78	檢査	43	墨	78	胸部	43	栽	78	班長
44	從	79	地球	44	院	79	貧困	44	鐘	79	專門
45	尺	80	但只	45	錢	80	卽席	45	誰	80	歸家
46	板	81	백미	46	抱	81	동맹	46	鏡	81	상징
47	恒	82	칭찬	47	泉	82	축척	47	哉	82	정책
48	謠	83	혈연	48	具	83	반영	48	設	83	용암
49	喪	84	친척	49	留	84	청동기	49	枝	84	개항
50	降	85	파종	50	覽	85	폐활량	50	雖	85	서술
51	창성	86	귀신	51	숙녀	86	간단	51	정절	86	녹봉
52	초대	87	궁궐	52	피차	87	삼림	52	강철	87	단군
53	과감	88	휘호	53	벌칙	88	공급	53	갈망	88	각오
54	환영	89	충돌	54	상근	89	비교	54	역시	89	관청
55	장정	90	투쟁	55	유추	90	습도	55	청결	90	굴복
56	용안	91	세제	56	유세	91	벽화	56	준비	91	포물선
57	음계	92	맹수	57	용감	92	개념	57	숭상	92	획득
58	적극	93	예산	58	기록	93	수요	58	계란	93	교묘
59	목장	94	대본	59	양계	94	조직	59	채집	94	이양선
60	손익	95	선포	60	파격	95	화촉	60	폐교	95	복지
61	책상	96	興, 盡	61	군락	96	種, 得	61	피로	96	死, 留
62	옥편	97	鐵, 殺	62	식재	97	朝, 暮	62	난제	97	指, 呼
63	시험	98	泰, 然	63	원만	98	利, 厚	63	황제	98	絕, 佳
64	동정	99	兩, 斷	64	통쾌	99	卵, 投	64	검소	99	卓, 論
65	허무	100	頂, 門	65	수명	100	篇, 律	65	어차피	100	破, 勢

모범답안

〈4〉						〈5〉						〈6〉					
문항	정답	문항	정답	문항	정답	문항	정답	문항	정답	문항	정답	문항	정답	문항	정답	문항	정답
1	④	11	①	21	②	1	③	11	①	21	②	1	②	11	①	21	④
2	①	12	④	22	④	2	①	12	④	22	④	2	①	12	④	22	②
3	③	13	③	23	②	3	②	13	②	23	②	3	③	13	③	23	③
4	②	14	②	24	①	4	④	14	③	24	①	4	②	14	①	24	①
5	③	15	④	25	③	5	③	15	①	25	③	5	④	15	④	25	②
6	④	16	③	26	④	6	②	16	③	26	④	6	①	16	③	26	④
7	②	17	①	27	①	7	②	17	③	27	①	7	③	17	④	27	③
8	③	18	④	28	②	8	④	18	④	28	③	8	③	18	①	28	①
9	①	19	①	29	③	9	①	19	①	29	②	9	④	19	③	29	②
10	②	20	③	30	①	10	③	20	③	30	④	10	②	20	②	30	④

문항	정답	문항	정답	문항	정답	문항	정답	문항	정답	문항	정답
31	맞이할 영	66	음미	31	아낄 석	66	등록	31	다리 각	66	경영
32	울 읍	67	적선	32	비록 수	67	지양	32	붉을 홍	67	동요
33	정수리 정	68	顔	33	참을 인	68	或	33	고을 주	68	協
34	굳을 견	69	厚	34	일찍 증	69	討	34	벌레 충	69	舞
35	잡을 집	70	息	35	아플 통	70	制	35	나 아	70	居
36	닭 계	71	層	36	저 피	71	盡	36	지혜 지	71	團
37	닫을 폐	72	招	37	사이 제	72	專	37	까마귀 오	72	儉
38	늦을 만	73	從	38	울 명	73	傷	38	어질 인	73	床
39	젖 유	74	養→讓	39	만날 봉	74	但→段	39	묶을 속	74	乾→件
40	말 물	75	認→忍	40	쓸 소	75	各→脚	40	목숨 수	75	晴→請
41	憶	76	討伐	41	舞	76	準備	41	喜	76	地球
42	悟	77	寫眞	42	格	77	淑女	42	恨	77	新郎
43	源	78	人格	43	團	78	納稅	43	凡	78	歡迎
44	圓	79	腸炎	44	査	79	勿論	44	犯	79	着陸
45	專	80	規則	45	鏡	80	牛乳	45	隊	80	追憶
46	智	81	비평	46	吹	81	결함	46	墓	81	고사
47	罰	82	타당	47	鷄	82	위조	47	乳	82	억양
48	費	83	파종	48	潔	83	관련	48	昔	83	경각
49	紅	84	관습	49	栽	84	포물선	49	泣	84	유혹
50	錢	85	청동기	50	群	85	일탈	50	亦	85	해몽
51	비명	86	환곡	51	성현	86	냉각	51	경계	86	조류
52	탁구	87	관용	52	성취	87	과태료	52	한서	87	절규
53	무성	88	초월	53	항상	88	기압	53	철판	88	사막
54	청소	89	피해	54	원망	89	대조	54	부제	89	간단
55	비범	90	확대	55	쇄도	90	단발령	55	시상	90	수필
56	소박	91	가축	56	지조	91	폐활량	56	즉석	91	소음
57	단지	92	거절	57	중지	92	경향	57	부양	92	진동
58	감사	93	겸임	58	숙부	93	혼잡	58	기혼	93	교환
59	간혹	94	과장	59	타종	94	폐사	59	총원	94	강연
60	경계	95	누각	60	국보	95	공란	60	흡연	95	멸망
61	단호	96	易, 地	61	승차	96	夫, 婦	61	구역	96	就, 將
62	노점	97	仁, 敵	62	장수	97	爲, 徒	62	녹두	97	格, 致
63	봉착	98	鳥, 血	63	무기고	98	鼻, 尺	63	부유	98	盡, 甘
64	파경	99	難, 防	64	묘역	99	應, 報	64	등급	99	過, 猶
65	군무	100	鳥, 卒	65	초청	100	以, 治	65	허점	100	事, 難

모범답안

〈7〉						〈8〉						〈9〉					
문항	정답	문항	정답	문항	정답	문항	정답	문항	정답	문항	정답	문항	정답	문항	정답	문항	정답
1	②	11	①	21	①	1	④	11	③	21	③	1	①	11	③	21	④
2	①	12	③	22	④	2	②	12	①	22	②	2	③	12	①	22	②
3	③	13	②	23	②	3	②	13	④	23	④	3	④	13	④	23	③
4	②	14	④	24	③	4	③	14	②	24	①	4	③	14	①	24	①
5	④	15	①	25	①	5	①	15	③	25	③	5	②	15	②	25	④
6	③	16	②	26	③	6	④	16	③	26	④	6	③	16	④	26	②
7	①	17	④	27	②	7	③	17	①	27	②	7	①	17	①	27	③
8	②	18	②	28	④	8	①	18	④	28	③	8	②	18	②	28	①
9	④	19	①	29	①	9	④	19	①	29	①	9	④	19	①	29	②
10	②	20	③	30	④	10	②	20	②	30	③	10	②	20	③	30	④

문항	정답	문항	정답	문항	정답	문항	정답	문항	정답	문항	정답
31	곡식 곡	66	견지	31	지경 역	66	호피	31	까마귀 오	66	피골
32	더울 서	67	계속	32	층계 단	67	교각	32	기쁠 환	67	편람
33	끊을 단	68	壽	33	빌릴 차	68	喜	33	버들 류	68	窮
34	칠 목	69	革	34	얕을 천	69	恒	34	울 읍	69	愁
35	다만 단	70	職	35	천간 무	70	執	35	더울 서	70	招
36	도울 부	71	設	36	숯 탄	71	頂	36	얼굴 안	71	杯
37	던질 투	72	盡	37	콩 두	72	破	37	아재비 숙	72	息
38	감히 감	73	任	38	그릇 기	73	混	38	층 층	73	略
39	지경 경	74	宮→窮	39	몇 기	74	寫→射	39	탈 승	74	期→旗
40	쓸 비	75	國→局	40	바쁠 망	75	郎→浪	40	만날 봉	75	伐→罰
41	巖	76	豊足	41	麥	76	副作用	41	暮	76	中央
42	素	77	暗票	42	諸	77	投票	42	惜	77	地域
43	惜	78	群落	43	豐	78	暴炎	43	幾	78	于先
44	誰	79	喪主	44	露	79	看板	44	眠	79	物議
45	尤	80	痛快	45	錄	80	吸煙	45	班	80	逆轉
46	卽	81	이면	46	暮	81	초상	46	盡	81	칭찬
47	貞	82	선회	47	云	82	도공	47	歸	82	타당
48	何	83	비속어	48	轉	83	경향	48	副	83	토로
49	秀	84	상황	49	驗	84	관습	49	晩	84	사찰
50	勸	85	피뢰침	50	悅	85	거리	50	旣	85	주말
51	야채	86	임금	51	비밀	86	개항	51	주홍	86	선택
52	처제	87	윤작	52	항복	87	광물	52	회사	87	위원
53	황천	88	맹점	53	검인	88	구속	53	소제	88	교묘
54	빈곤	89	환경	54	극심	89	규범	54	납량	89	완화
55	필수	90	홍익인간	55	궁상	90	연방	55	유아	90	중용
56	추앙	91	중복	56	보고	91	규방	56	주량	91	증오
57	귀가	92	재판	57	급여	92	서행	57	절단	92	복지
58	휴면	93	자외선	58	강철	93	보편	58	온천	93	이력
59	녹음	94	종횡	59	감시	94	무역	59	지조	94	부록
60	폭로	95	호적	60	허탈	95	동사	60	자비	95	몰입
61	감사	96	榮, 華	61	경찰	96	枝, 葉	61	평범	96	背, 恩
62	정성	97	鷄, 卵	62	계율	97	老, 智	62	병원	97	尾, 信
63	배가	98	墨, 黑	63	기억	98	斷, 交	63	쇄도	98	我, 引
64	하례	99	驚, 動	64	혹시	99	無, 壽	64	타파	99	兩, 難
65	감읍	100	之, 勞	65	건곤	100	敬, 而	65	흡수	100	此, 彼

모범답안

〈 10 〉						〈 11 〉						〈 12 〉					
문항	정답	문항	정답	문항	정답	문항	정답	문항	정답	문항	정답	문항	정답	문항	정답	문항	정답
1	②	11	①	21	①	1	②	11	④	21	②	1	③	11	②	21	③
2	④	12	④	22	②	2	②	12	①	22	④	2	④	12	①	22	④
3	②	13	②	23	④	3	③	13	③	23	②	3	③	13	③	23	②
4	③	14	④	24	③	4	①	14	②	24	③	4	①	14	④	24	③
5	①	15	③	25	①	5	④	15	④	25	①	5	②	15	②	25	①
6	③	16	②	26	②	6	③	16	④	26	④	6	④	16	③	26	②
7	④	17	①	27	①	7	④	17	①	27	②	7	②	17	①	27	④
8	②	18	④	28	④	8	③	18	②	28	③	8	③	18	④	28	③
9	①	19	②	29	②	9	①	19	①	29	②	9	①	19	②	29	④
10	③	20	③	30	③	10	②	20	③	30	④	10	④	20	①	30	①

문항	정답	문항	정답	문항	정답	문항	정답	문항	정답	문항	정답
31	힘쓸 면	66	퇴직	31	버금 부	66	철강	31	다 개	66	종교
32	날릴 양	67	청량	32	고을 주	67	중이염	32	제단 단	67	이왕
33	어조사 어	68	歌	33	마를 제	68	納	33	서리 상	68	哀
34	쌓을 적	69	轉	34	시험 험	69	級	34	널빤지 판	69	卽
35	예 석	70	浪	35	좇을 종	70	員	35	법 규	70	憶
36	가죽 혁	71	伏	36	곡식 곡	71	居	36	말이을 이	71	潔
37	죽일 살	72	賢	37	기 기	72	歸	37	코끼리 상	72	謠
38	자 척	73	閉	38	법도 준	73	犯	38	부지런할 근	73	仰
39	붉을 홍	74	布→包	39	나타날 저	74	具→區	39	곳집 고	74	朝→早
40	거느릴 총	75	統→痛	40	같을 유	75	河→何	40	사건 건	75	適→積
41	損	76	花壇	41	倍	76	氣候	41	郎	76	唯一
42	仰	77	羅列	42	威	77	老益壯	42	晴	77	賞狀
43	鋼	78	警戒	43	卓	78	嚴重	43	包	78	高尙
44	央	79	穀食	44	菜	79	登頂	44	賀	79	秀作
45	檢	80	家具	45	段	80	望遠鏡	45	臥	80	吟味
46	只	81	냉담	46	甚	81	생활권	46	炎	81	질병
47	設	82	대본	47	切	82	명예	47	讓	82	학파
48	曾	83	정리	48	且	83	탄성	48	涼	83	직유법
49	營	84	역할	49	宙	84	홍수	49	卵	84	대장경
50	崇	85	백미	50	祕	85	빈부격차	50	泰	85	과점
51	식재	86	비평	51	설비	86	희롱	51	아집	86	화적
52	원한	87	첨삭	52	약속	87	편견	52	매진	87	증산
53	지엽	88	고분	53	건강	88	미필	53	역시	88	주식
54	단락	89	호란	54	권고	89	위도	54	지금	89	악취
55	배필	90	교체	55	인고	90	청백리	55	취임	90	사전
56	와해	91	금융	56	안건	91	채무	56	과감	91	농도
57	성취	92	기소	57	종류	92	태양력	57	기혼	92	피뢰침
58	토의	93	관혼상제	58	봉착	93	헌법	58	오등	93	산악
59	피곤	94	감탄문	59	욕구	94	창해	59	생략	94	액자소설
60	성묘	95	건전지	60	경계	95	모방	60	쾌재	95	정서
61	계승	96	何, 則	61	퇴근	96	私, 忙	61	녹음	96	驚, 失
62	집착	97	相, 從	62	벌칙	97	憂, 患	62	막역	97	難, 忘
63	기수	98	字, 憂	63	규율	98	思, 議	63	차제	98	必, 歸
64	차후	99	雪, 霜	64	집단	99	風, 霜	64	설혹	99	殺, 仁
65	준결승	100	舊, 迎	65	총리	100	器, 晩	65	개오	100	虎, 遺

모범답안

〈 13 〉						〈 14 〉						〈 15 〉					
문항	정답	문항	정답	문항	정답	문항	정답	문항	정답	문항	정답	문항	정답	문항	정답	문항	정답
1	①	11	④	21	③	1	③	11	②	21	④	1	②	11	④	21	③
2	③	12	①	22	④	2	④	12	③	22	③	2	③	12	③	22	④
3	④	13	③	23	②	3	②	13	④	23	②	3	④	13	②	23	①
4	②	14	②	24	③	4	③	14	①	24	④	4	①	14	①	24	③
5	③	15	④	25	①	5	①	15	③	25	③	5	②	15	④	25	②
6	①	16	④	26	④	6	④	16	③	26	①	6	③	16	①	26	④
7	④	17	②	27	②	7	②	17	①	27	③	7	①	17	③	27	②
8	②	18	②	28	①	8	③	18	④	28	④	8	②	18	②	28	①
9	③	19	④	29	③	9	①	19	②	29	④	9	④	19	④	29	③
10	②	20	①	30	②	10	④	20	①	30	②	10	③	20	①	30	③

문항	정답	문항	정답	문항	정답	문항	정답	문항	정답	문항	정답
31	법 규	66	일소	31	저 피	66	영면	31	불 취	66	진급
32	맑을 숙	67	직업	32	아플 통	67	양계장	32	목숨 수	67	증손자
33	엄할 엄	68	境	33	안을 포	68	哀	33	다리 각	68	乳
34	범할 범	69	群	34	춤출 무	69	茂	34	묶을 속	69	背
35	참을 인	70	深	35	기와 와	70	納	35	나 아	70	厚
36	부드러울 유	71	庫	36	집 우	71	吸	36	무덤 묘	71	覽
37	어질 인	72	任	37	만날 봉	72	指	37	비롯할 창	72	設
38	무리 대	73	豐	38	구를 전	73	鏡	38	말 물	73	伏
39	모름지기 수	74	伐→罰	39	검소할 검	74	綠→錄	39	기 기	74	養→讓
40	가로 왈	75	園→員	40	제단 단	75	事→使	40	근심 수	75	推→追
41	諸	76	卓球	41	潔	76	歲暮	41	繼	76	困窮
42	納	77	脚色	42	伏	77	秀才	42	迎	77	球團
43	勸	78	檢擧	43	宙	78	驚異	43	閉	78	具備
44	于	79	炭素	44	妻	79	任務	44	疲	79	勤勉
45	準	80	豆乳	45	掃	80	健全	45	專	80	極祕
46	篇	81	위로	46	烏	81	각오	46	暖	81	소외
47	班	82	교체	47	疲	82	공급	47	雖	82	의문문
48	只	83	긍정	48	居	83	간단	48	格	83	점층법
49	猶	84	신중	49	凡	84	과태료	49	孤	84	박물관
50	勤	85	봉건	50	亦	85	관청	50	執	85	비율
51	흉부	86	자외선	51	재난	86	개념	51	거처	86	핵
52	애통	87	담보	52	실제	87	백미	52	제단	87	토양
53	유랑	88	역할	53	단체	88	병렬	53	주사	88	무역
54	철판	89	억양	54	시험	89	습도	54	혹여	89	모순
55	천학	90	선택	55	고독	90	용암	55	휴식	90	이력
56	흡연	91	번안	56	맥주	91	특수	56	차후	91	피뢰침
57	투표	92	공헌	57	부대	92	거절	57	검사	92	뇌사
58	경영	93	맹수	58	내포	93	잠시	58	평범	93	윤작
59	시상	94	미모	59	위력	94	유치	59	벌칙	94	호적
60	가차	95	결함	60	옥편	95	상황	60	증언	95	거리
61	재해	96	成, 虎	61	물론	96	業, 得	61	성취	96	篇, 律
62	하필	97	益, 壯	62	취타	97	解, 之	62	흡입	97	興, 盡
63	청정	98	尺, 童	63	직구	98	井, 觀	63	회의	98	榮, 華
64	즉흥곡	99	識, 丁	64	조사	99	卷, 益	64	풍상	99	報, 恩
65	어차피	100	泰, 斗	65	축배	100	漢, 投	65	축하	100	氷, 炭

준3~6급 응시자용

한자자격시험 답안지

주관 : (사)한자교육진흥회
시행 : 한국한자실력평가원

회차	제 회	응시등급	
감독관 확인	(서명)	준3급	○
		4급	○
		준4급	○
		5급	○
		준5급	○
		6급	○

성 명	

수험번호

			–			–			–				
⓪	⓪	⓪		⓪	⓪			⓪		⓪	⓪	⓪	⓪
①	①	①		①	①			①		①	①	①	①
②	②	②		②	②			②		②	②	②	②
③	③	③		③	③		③			③	③	③	③
④	④	④	–	④	④	–	④		–	④	④	④	④
⑤	⑤	⑤		⑤	⑤		⑤			⑤	⑤	⑤	⑤
⑥	⑥	⑥		⑥	⑥		⑥			⑥	⑥	⑥	⑥
⑦	⑦	⑦		⑦	⑦					⑦	⑦	⑦	⑦
⑧	⑧	⑧		⑧	⑧					⑧	⑧	⑧	⑧
⑨	⑨	⑨		⑨	⑨					⑨	⑨	⑨	⑨

생년월일						채점위원확인란 (응시자표기금지)
⓪	⓪	⓪	⓪	⓪	⓪	(초검)
①	①	①	①	①	①	
②	②		②	②	②	
③	③		③	③	③	
④	④		④		④	
⑤	⑤		⑤		⑤	(재검)
⑥	⑥		⑥		⑥	
⑦	⑦		⑦		⑦	
⑧	⑧		⑧		⑧	
⑨	⑨		⑨		⑨	

객관식 답안란

1	①②③④	16	①②③④
2	①②③④	17	①②③④
3	①②③④	18	①②③④
4	①②③④	19	①②③④
5	①②③④	20	①②③④
6	①②③④	21	①②③④
7	①②③④	22	①②③④
8	①②③④	23	①②③④
9	①②③④	24	①②③④
10	①②③④	25	①②③④
11	①②③④	26	①②③④
12	①②③④	27	①②③④
13	①②③④	28	①②③④
14	①②③④	29	①②③④
15	①②③④	30	①②③④

※ 답안지 작성요령

1. 객관식 답은 해당번호에 검정색 펜으로 표기
   ▶ 바른표기 예 : ●
2. 객관식 답을 수정할 때는 수정테이프를 사용
3. 주관식 답을 수정할 때는 두 줄로 긋고 작성
4. 본 답안지를 구기거나 훼손하지 마시오.

문항	주관식 답안란	채점	문항	주관식 답안란	채점
31		○	41		○
32		○	42		○
33		○	43		○
34		○	44		○
35		○	45		○
36		○	46		○
37		○	47		○
38		○	48		○
39		○	49		○
40		○	50		○

※ 주관식 51~100번 답안란은 뒷면에 있음.

※ 응시자는 채점란의 ○표에 표기하지 마시오.

문항	주관식 답안란	채점	문항	주관식 답안란	채점	문항	주관식 답안란	채점	문항	주관식 답안란	채점	문항	주관식 답안란	채점
51		○	61		○	71		○	81		○	91		○
52		○	62		○	72		○	82		○	92		○
53		○	63		○	73		○	83		○	93		○
54		○	64		○	74		○	84		○	94		○
55		○	65		○	75		○	85		○	95		○
56		○	66		○	76		○	86		○	96		○
57		○	67		○	77		○	87		○	97		○
58		○	68		○	78		○	88		○	98		○
59		○	69		○	79		○	89		○	99		○
60		○	70		○	80		○	90		○	100		○

준3~6급 응시자용

한자자격시험 답안지

주관 : (사)한자교육진흥회
시행 : 한국한자실력평가원

회차	제 회	응시등급	
감독관 확인	(서명)	준3급	○
		4급	○
		준4급	○
		5급	○
		준5급	○
		6급	○

성 명	

수 험 번 호

			–			–			–				
⓪	⓪	⓪		⓪	⓪			⓪		⓪	⓪	⓪	⓪
①	①	①		①	①			①		①	①	①	①
②	②	②		②	②			②		②	②	②	②
③	③	③		③	③		③			③	③	③	③
④	④	④	–	④	④	–	④		–	④	④	④	④
⑤	⑤	⑤		⑤	⑤		⑤			⑤	⑤	⑤	⑤
⑥	⑥	⑥		⑥	⑥		⑥			⑥	⑥	⑥	⑥
⑦	⑦	⑦		⑦	⑦					⑦	⑦	⑦	⑦
⑧	⑧	⑧		⑧	⑧					⑧	⑧	⑧	⑧
⑨	⑨	⑨		⑨	⑨					⑨	⑨	⑨	⑨

생년월일						채점위원확인란 (응시자표기금지)
⓪	⓪	⓪	⓪	⓪	⓪	(초검)
①	①	①	①	①	①	
②	②		②	②	②	
③	③		③	③	③	
④	④		④		④	
⑤	⑤		⑤		⑤	(재검)
⑥	⑥		⑥		⑥	
⑦	⑦		⑦		⑦	
⑧	⑧		⑧		⑧	
⑨	⑨		⑨		⑨	

객관식 답안란

1	① ② ③ ④	16	① ② ③ ④
2	① ② ③ ④	17	① ② ③ ④
3	① ② ③ ④	18	① ② ③ ④
4	① ② ③ ④	19	① ② ③ ④
5	① ② ③ ④	20	① ② ③ ④
6	① ② ③ ④	21	① ② ③ ④
7	① ② ③ ④	22	① ② ③ ④
8	① ② ③ ④	23	① ② ③ ④
9	① ② ③ ④	24	① ② ③ ④
10	① ② ③ ④	25	① ② ③ ④
11	① ② ③ ④	26	① ② ③ ④
12	① ② ③ ④	27	① ② ③ ④
13	① ② ③ ④	28	① ② ③ ④
14	① ② ③ ④	29	① ② ③ ④
15	① ② ③ ④	30	① ② ③ ④

※ **답안지 작성요령**

1. 객관식 답은 해당번호에 검정색 펜으로 표기
   ▶ 바른표기 예 : ●
2. 객관식 답을 수정할 때는 수정테이프를 사용
3. 주관식 답을 수정할 때는 두 줄로 긋고 작성
4. 본 답안지를 구기거나 훼손하지 마시오.

문항	주관식 답안란	채점	문항	주관식 답안란	채점
31		○	41		○
32		○	42		○
33		○	43		○
34		○	44		○
35		○	45		○
36		○	46		○
37		○	47		○
38		○	48		○
39		○	49		○
40		○	50		○

※ 주관식 51~100번 답안란은 뒷면에 있음.

※ 응시자는 채점란의 ○표에 표기하지 마시오.

문항	주관식 답안란	채점	문항	주관식 답안란	채점	문항	주관식 답안란	채점	문항	주관식 답안란	채점	문항	주관식 답안란	채점
51		○	61		○	71		○	81		○	91		○
52		○	62		○	72		○	82		○	92		○
53		○	63		○	73		○	83		○	93		○
54		○	64		○	74		○	84		○	94		○
55		○	65		○	75		○	85		○	95		○
56		○	66		○	76		○	86		○	96		○
57		○	67		○	77		○	87		○	97		○
58		○	68		○	78		○	88		○	98		○
59		○	69		○	79		○	89		○	99		○
60		○	70		○	80		○	90		○	100		○

준3~6급 응시자용

한자자격시험 답안지

주관 : (사)한자교육진흥회
시행 : 한국한자실력평가원

회차	제 회	응시등급	
감독관 확인	(서명)	준3급	○
		4급	○
		준4급	○
		5급	○
		준5급	○
		6급	○

성 명	

수험번호

			–			–			–				
0–9	0–9	0–9	–	0–9	0–9	–	3–6	0–2	–	0–9	0–9	0–9	0–9

생년월일

0–9	0–9	0–1	0–9	0–3	0–9

채점위원확인란 (응시자표기금지)

(초검)

(재검)

객관식 답안란			
1	①②③④	16	①②③④
2	①②③④	17	①②③④
3	①②③④	18	①②③④
4	①②③④	19	①②③④
5	①②③④	20	①②③④
6	①②③④	21	①②③④
7	①②③④	22	①②③④
8	①②③④	23	①②③④
9	①②③④	24	①②③④
10	①②③④	25	①②③④
11	①②③④	26	①②③④
12	①②③④	27	①②③④
13	①②③④	28	①②③④
14	①②③④	29	①②③④
15	①②③④	30	①②③④

※ 답안지 작성요령

1. 객관식 답은 해당번호에 검정색 펜으로 표기
   ▶ 바른표기 예 : ●
2. 객관식 답을 수정할 때는 수정테이프를 사용
3. 주관식 답을 수정할 때는 두 줄로 긋고 작성
4. 본 답안지를 구기거나 훼손하지 마시오.

문항	주관식 답안란	채점	문항	주관식 답안란	채점
31		○	41		○
32		○	42		○
33		○	43		○
34		○	44		○
35		○	45		○
36		○	46		○
37		○	47		○
38		○	48		○
39		○	49		○
40		○	50		○

※ 주관식 51~100번 답안란은 뒷면에 있음.

※ 응시자는 채점란의 ○표에 표기하지 마시오.

문항	주관식 답안란	채점	문항	주관식 답안란	채점	문항	주관식 답안란	채점	문항	주관식 답안란	채점	문항	주관식 답안란	채점
51		○	61		○	71		○	81		○	91		○
52		○	62		○	72		○	82		○	92		○
53		○	63		○	73		○	83		○	93		○
54		○	64		○	74		○	84		○	94		○
55		○	65		○	75		○	85		○	95		○
56		○	66		○	76		○	86		○	96		○
57		○	67		○	77		○	87		○	97		○
58		○	68		○	78		○	88		○	98		○
59		○	69		○	79		○	89		○	99		○
60		○	70		○	80		○	90		○	100		○

준3~6급 응시자용

한자자격시험 답안지

주관 : (사)한자교육진흥회
시행 : 한국한자실력평가원

회차	제 회	응시등급	
감독관 확인	(서명)	준3급	○
		4급	○
		준4급	○
		5급	○
		준5급	○
		6급	○

성 명	

수험번호

			–			–			–				
⓪①②③④⑤⑥⑦⑧⑨	⓪①②③④⑤⑥⑦⑧⑨	⓪①②③④⑤⑥⑦⑧⑨	–	⓪①②③④⑤⑥⑦⑧⑨	⓪①②③④⑤⑥⑦⑧⑨	–	③④⑤⑥	⓪①②	–	⓪①②③④⑤⑥⑦⑧⑨	⓪①②③④⑤⑥⑦⑧⑨	⓪①②③④⑤⑥⑦⑧⑨	⓪①②③④⑤⑥⑦⑧⑨

생년월일						채점위원확인란 (응시자표기금지)
⓪①②③④⑤⑥⑦⑧⑨	⓪①②③④⑤⑥⑦⑧⑨	⓪①	⓪①②③④⑤⑥⑦⑧⑨	⓪①②③	⓪①②③④⑤⑥⑦⑧⑨	(초검) (재검)

객관식 답안란

1	①②③④	16	①②③④
2	①②③④	17	①②③④
3	①②③④	18	①②③④
4	①②③④	19	①②③④
5	①②③④	20	①②③④
6	①②③④	21	①②③④
7	①②③④	22	①②③④
8	①②③④	23	①②③④
9	①②③④	24	①②③④
10	①②③④	25	①②③④
11	①②③④	26	①②③④
12	①②③④	27	①②③④
13	①②③④	28	①②③④
14	①②③④	29	①②③④
15	①②③④	30	①②③④

※ 답안지 작성요령

1. 객관식 답은 해당번호에 검정색 펜으로 표기
   ▶ 바른표기 예 : ●
2. 객관식 답을 수정할 때는 수정테이프를 사용
3. 주관식 답을 수정할 때는 두 줄로 긋고 작성
4. 본 답안지를 구기거나 훼손하지 마시오.

문항	주관식 답안란	채점	문항	주관식 답안란	채점
31		○	41		○
32		○	42		○
33		○	43		○
34		○	44		○
35		○	45		○
36		○	46		○
37		○	47		○
38		○	48		○
39		○	49		○
40		○	50		○

※ 주관식 51~100번 답안란은 뒷면에 있음.

※ 응시자는 채점란의 ○표에 표기하지 마시오.

문항	주관식 답안란	채점	문항	주관식 답안란	채점	문항	주관식 답안란	채점	문항	주관식 답안란	채점	문항	주관식 답안란	채점
51		○	61		○	71		○	81		○	91		○
52		○	62		○	72		○	82		○	92		○
53		○	63		○	73		○	83		○	93		○
54		○	64		○	74		○	84		○	94		○
55		○	65		○	75		○	85		○	95		○
56		○	66		○	76		○	86		○	96		○
57		○	67		○	77		○	87		○	97		○
58		○	68		○	78		○	88		○	98		○
59		○	69		○	79		○	89		○	99		○
60		○	70		○	80		○	90		○	100		○

준3～6급 응시자용

한자자격시험 답안지

주관 : (사)한자교육진흥회
시행 : 한국한자실력평가원

회차	제 회	응시등급	
감독관 확인	(서명)	준3급	○
		4급	○
		준4급	○
		5급	○
		준5급	○
		6급	○

성 명	

수험번호

			–			–			–				
⓪–⑨	⓪–⑨	⓪–⑨	–	⓪–⑨	⓪–⑨	–	③–⑥	⓪–②	–	⓪–⑨	⓪–⑨	⓪–⑨	⓪–⑨

생년월일

⓪–⑨	⓪–⑨	⓪–①	⓪–⑨	⓪–③	⓪–⑨

채점위원확인란 (응시자표기금지)

(초검)

(재검)

객관식 답안란

1	① ② ③ ④	16	① ② ③ ④
2	① ② ③ ④	17	① ② ③ ④
3	① ② ③ ④	18	① ② ③ ④
4	① ② ③ ④	19	① ② ③ ④
5	① ② ③ ④	20	① ② ③ ④
6	① ② ③ ④	21	① ② ③ ④
7	① ② ③ ④	22	① ② ③ ④
8	① ② ③ ④	23	① ② ③ ④
9	① ② ③ ④	24	① ② ③ ④
10	① ② ③ ④	25	① ② ③ ④
11	① ② ③ ④	26	① ② ③ ④
12	① ② ③ ④	27	① ② ③ ④
13	① ② ③ ④	28	① ② ③ ④
14	① ② ③ ④	29	① ② ③ ④
15	① ② ③ ④	30	① ② ③ ④

※ 답안지 작성요령

1. 객관식 답은 해당번호에 검정색 펜으로 표기
   ▶ 바른표기 예 : ●
2. 객관식 답을 수정할 때는 수정테이프를 사용
3. 주관식 답을 수정할 때는 두 줄로 긋고 작성
4. 본 답안지를 구기거나 훼손하지 마시오.

문항	주관식 답안란	채점	문항	주관식 답안란	채점
31		○	41		○
32		○	42		○
33		○	43		○
34		○	44		○
35		○	45		○
36		○	46		○
37		○	47		○
38		○	48		○
39		○	49		○
40		○	50		○

※ 주관식 51～100번 답안란은 뒷면에 있음.

※ 응시자는 채점란의 ○표에 표기하지 마시오.

문항	주관식 답안란	채점	문항	주관식 답안란	채점	문항	주관식 답안란	채점	문항	주관식 답안란	채점	문항	주관식 답안란	채점
51		○	61		○	71		○	81		○	91		○
52		○	62		○	72		○	82		○	92		○
53		○	63		○	73		○	83		○	93		○
54		○	64		○	74		○	84		○	94		○
55		○	65		○	75		○	85		○	95		○
56		○	66		○	76		○	86		○	96		○
57		○	67		○	77		○	87		○	97		○
58		○	68		○	78		○	88		○	98		○
59		○	69		○	79		○	89		○	99		○
60		○	70		○	80		○	90		○	100		○